CAMPING AN NATUR- UND NATIONALPARKS

DIE SCHÖNSTEN PLÄTZE IN GANZ EUROPA

Katja Hein, Andrea Lammert, Heidi Siefert

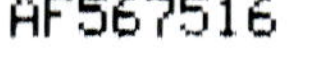

powered by

SEEBLICK GARANTIERT: GANZ NAH AM
UFER DES LAC DE SERRE-PONÇON

PINCAMP: SUCHEN. BUCHEN. CAMPEN.

Camping-Vorfreude statt Urlaubsstress: *Auf PiNCAMP (www.pincamp.de), dem Campingportal des ADAC, können Camper ihren Urlaub von der Inspiration über die Campingplatzsuche bis zur Buchung bequem und kostenlos planen.*

Auf der Suche nach dem passenden Campingplatz ist PiNCAMP die richtige Adresse für alle Camper. Das Campingportal listet über 12.000 Campingplätze in ganz Europa, viele können davon direkt online gebucht werden. Camper erhalten somit auf PiNCAMP einen perfekten Überblick, welche Campingplätze in ihrer Wunschregion noch frei sind, und können sich direkt ihren Platz einfach und schnell online buchen. So steht dem nächsten Campingglück nichts mehr im Weg.

Um Camper bei der Urlaubsplanung bestmöglich zu unterstützen, bildet die europaweit einheitliche ADAC Klassifikation die perfekte Grundlage zum Vergleich von Campingplätzen.

Die ADAC Klassifikation basiert auf der objektiven Bewertung durch die ADAC Inspekteure. Diese geschulten und erfahrenen Camping-Experten durchleuchten regelmäßig über 6.000 Campingplätze europaweit einheitlich auf Basis eines standardisierten Fragebogens mit über 200 Messkriterien. Das Ergebnis ist eine objektive Analyse der Qualität von Ausstattung und Angebot. Die besten Campingplätze mit einer 5 Sterne-Klassifikation erhalten die Auszeichnung ADAC Superplatz. Ein Platz mit zwei Sternen muss aber nicht automatisch weniger attraktiv sein als ein Platz mit vier oder fünf Sternen. Camper müssen sich lediglich darauf einstellen, dass Infrastruktur und Ausstattung bei wenigen Sternen einfacher gehalten sind. Aber manchmal sind gerade einfachere Plätze die charmanten Geheimtipps. Alle in diesem Buch vorgestellten Campingplätze wurden mit größtmöglicher Sorgfalt ausgewählt und bilden ganz bewusst das volle Spektrum der Sterne-Klassifikation ab. Campingplätze ohne Sterne sind ganz neu in der Datenbank und wurden noch nicht von ADAC Inspekteuren besucht.

Für genauere Informationen steht am Ende der Platzbeschreibung ein Link zu pincamp.de, dem Campingportal des ADAC. Dort gibt es alle Details, die für die Auswahl eines Angebots hilfreich sind. Viel Spaß beim Sichten und Auswählen!

INHALT

DEUTSCHLAND, ÖSTERREICH UND SCHWEIZ

DEUTSCHLAND

ÖSTERREICH

SCHWEIZ

IN DEN SCHWEIZER ALPEN → S. 41

FELSFORMATIONEN BEWUNDERN → S. 86

WEST- UND SÜDWESTEUROPA

NIEDERLANDE

FRANKREICH

ITALIEN

IBERISCHE HALBINSEL

ZENTRAL-, OST- UND SÜDOSTEUROPA

DURCH DIE SOČA-SCHLUCHT → S. 112

DEN MORGEN BEGRÜSSEN → S. 151

NORDEUROPA

DER CASTIL DE TIERRA ZÄHLT ZU DEN BIZARRSTEN FELSFORMATIONEN IN DEN BARDENAS REALES.

VORWORT

Naturschutzgebiet, Naturpark, Biosphärenreservat – so unterschiedlich diese Begriffe und ihre genaue Bedeutung auch sind: Sie haben alle etwas gemeinsam. Sie sollen unsere herrliche Natur schützen, Fehler der Vergangenheit so weit wie möglich wieder gutmachen und Landschaften für die Zukunft erhalten.

Wer die Natur liebt und ihr respektvoll gegenübertritt, kann in ihr auch Urlaub machen – Campingurlaub. In diesem Buch werden über Europa verteilt 40 Naturschutzzonen vorgestellt, die es lohnt, zu erkunden: von Skandinavien im Norden bis Griechenland im Süden, vom Vereinigten Königreich im Westen bis zum Baltikum im Osten.

Die herrlichen Küstenregionen, weitläufigen Waldgebiete, welligen Hügellandschaften, mystischen Moore, grandiosen Bergwelten und lieblichen Seenlandschaften laden ein zu Wanderungen, Fahrradtouren, Bootsfahrten, Naturerlebnissen oder Tierbeobachtungen.

Und die 40 vorgestellten Campingplätze haben auch eines gemeinsam: Sie liegen entweder ganz nahe bei oder sogar direkt in den Naturschutzzonen. So wird Campen wieder ursprünglich: den Sonnenauf- oder Sonnenuntergang andächtig genießen, seinen Gedanken nachhängen, Wolken beobachten, am See sitzen, dem Vogelgezwitscher zuhören, die Sterne am Himmel zählen.

Herrliche schützenswerte Natur – wir kommen.

Katja Hein | Andrea Lammert | Heidi Siefert

DIE 3 PLÄTZE, DIE GROSSE UND KLEINE HÖHLENFORSCHER LIEBEN WERDEN

Feste Schuhe, eine warme Jacke und eine Taschenlampe – schon ist die Ausrüstung komplett. Die sehenswerten Höhlenwohnungen von Arguedas liegen zwischen Camping Bardenas, Spanien (→ Seite 84), und dem Biosphärenreservat Bardenas Reales. Mitten im Nationalpark Niedere Tatra ganz nahe beim Kemping Bystrina, Slowakei (→ Seite 103), liegt die Demänováer Tropfsteinhöhle. Atemberaubend schön sind die in farbiges Licht getauchten Stalaktiten, Stalagmiten, Sintergardinen und Sinterseerosen. Nicht weit vom Camp Podkraj, Montenegro (→ Seite 124), liegt die Lipska-Höhle in der Nähe von Cetinjes nahe dem Nationalpark Lovćen.

Gleich fahren wir los und besichtigen die Lipska-Höhle.

Heute Abend machen wir uns wieder ein schönes Feuer.

DIE 3 PLÄTZE MIT DER SCHÖNSTEN LAGERFEUERROMANTIK

Das Holz knistert und die Flammen tanzen in der Dunkelheit – ein Lagerfeuer fasziniert einfach immer. Im Adventure Camp Schnitzmühle, Deutschland (→ Seite 29), im Nationalpark Bayerischer Wald sitzt man mit der Familie gemütlich ums Feuer, schaut in die Flammen, erzählt sich Geschichten oder singt gemeinsam. Inmitten des Schweizerischen Nationalparks trifft man sich nach einem Wintersporttag auf dem TCS Camping Scuol, Schweiz (→ Seite 38), an der wärmenden Feuerschale. Am Feuer kommt man mit anderen Campern schnell ins Gespräch. Auf dem Melkevoll Bretun Camping, Norwegen (→ Seite 145), sind sicherlich gute Tipps für einen Besuch im Jostedalsbreen Nationalpark dabei.

DIE 3 PLÄTZE MIT DEM SCHÖNSTEN UFERBLICK

Einfach nur dasitzen, schauen und genießen. Vom Naturcamping Zum Hexenwäldchen, Deutschland (→ Seite 21), im Müritz-Nationalpark sind es nur ein paar Schritte zum Wasser, und dann reicht der Blick weit über die Mecklenburgische Seenplatte. Am Stenkällegårdens Camping Tiveden, Schweden (→ Seite 152), lässt es sich mit Blick auf den See Bocksjön herrlich entspannen, und es ist es nicht weit zum Nationalpark Tiveden. Rømø Familie Camping, Dänemark (→ Seite 156), liegt mitten im Nationalpark Vadehavet auf einer Wattenmeerinsel. Es ist nah zum Meer und vom Strand aus kann man ungestört bis zum Horizont schauen.

Ich könnte noch Stunden weitergehen und bis zum Horizont schauen.

Fotoapparat nicht vergessen – dann bleiben diese Bilder nicht nur im Kopf.

DIE 3 PLÄTZE FÜR DIE SPANNENDSTEN TIERBEOBACHTUNGEN

In Nationalparks fühlen sich Tiere meist sicher und ungestört. Hier bei einer Beobachtungstour erfolgreich zu sein, braucht Geduld und Glück. Bei den Vögeln im Nationalpark Donaudelta nahe Camping Lac Murighiol, Rumänien (→ Seite 129), sind Krauskopf- und Rosapelikane die Stars. Vom Camping Goksøyr, Norwegen (→ Seite 141), zu den Seehunden im Naturschutzgebiet Vogelinsel Runde fährt man mit dem Boot und hält gebührenden Abstand, damit sich die Tiere nicht gestört fühlen. Um Elche, Hirsche, Bären, Luchse und Eulen zu sehen, fährt man vom Camping Lakeside, Lettland (→ Seite 174), zum Nationalpark Gauja. Die Tiere leben dort in großzügigen naturnahen Gehegen.

DIE BERGWELT ERSCHEINT GRENZENLOS
IM KANTON GRAUBÜNDEN IN DER SCHWEIZ.

DEUTSCHLAND
ÖSTERREICH
SCHWEIZ

CAMPINGPLÄTZE IN DEUTSCHLAND, ÖSTERREICH UND DER SCHWEIZ

WEITERE TOLLE PLÄTZE AUF PINCAMP.DE!

DEUTSCHLAND
Vom Wattenmeer bis ins Mittelgebirge

① Nationalpark Vorpommersche Boddenlandschaft:
NATURCAMP Pruchten → S. 15

② Nationalpark Wattenmeer:
Insel-Camping-Borkum → S. 18

③ Müritz-Nationalpark:
Naturcamping Zum Hexenwäldchen → S. 21

④ Naturpark Pfälzerwald:
Campingplatz Büttelwoog → S. 25

⑤ Nationalpark Bayerischer Wald:
Adventure Camp Schnitzmühle → S. 29

ÖSTERREICH
Dramatische Sonnenauf- und Sonnenuntergänge

⑥ Nationalpark Hohe Tauern:
Nationalpark Camping Andrelwirt → S. 34

SCHWEIZ
Berge, Täler und Seen der Extraklasse

⑦ Schweizerischer Nationalpark:
TCS Camping Scuol → S. 38

FRANKREICH

1
2
3
Hamburg
Berlin
IEDER-
ANDE
DEUTSCHLAND
Frankfurt
Nürnberg
4
5
Stuttgart
Wien
München
Salzburg
ÖSTERREICH
Zürich
6
Innsbruck
SCHWEIZ
7
ITALIEN

DEUTSCHLAND

Welch ein Spektrum: die Vorpommersche Boddenlandschaft mit Meer, Watt und Lagunen an der Ostsee – das Wattenmeer mit Dünenwelten und Salzwiesenlandschaften an der Nordsee – die Mecklenburgische Seenplatte mit mehr als 1000 Seen – der Pfälzerwald mit mystisch wirkenden Felsformationen – der Bayerische Wald mit endlosen Baumlabyrinthen. Die vielfältigen Landschaften in Deutschland zu entdecken, ist immer wieder reizvoll und immer wieder neu.

TYPISCHE KÜSTENLANDSCHAFT AUF DER HALBINSEL FISCHLAND-DARSS-ZINGST

Hoch im Norden – das Meer im Blick, und zu den Bodden ist es auch nicht weit.

1 NATURCAMP PRUCHTEN

Geeignet für Wohnmobile, Caravans und Zelte, 260 Standplätze
Anf. April–Ende Okt.
▶ Am Campingplatz 2, D–18356 Pruchten

Tel. +49 382312045
GPS 54.379199, 12.661866

■ pincamp.de/MK1350

Mehr Meer geht nicht: Zwischen Heidelandschaft und Feldern erstreckt sich ein weitläufiges Gelände mit viel Platz für Zelte, Camper und Caravans, die hier auf sonnigen Wiesen oder unter hohen Kiefern stehen. Es ist ein ruhiger, gemütlicher Ort mit herzlichem Service und modernen Gemeinschaftsräumen, die sich, wie Restaurant, Kiosk und Radverleih, in hübschen flachen Häuschen in die Landschaft schmiegen. Ein paar Ferienwohnungen mit Sonnenterrasse im Grünen und urige Blockhütten unter schattigen Bäumen ergänzen das Angebot und sind ein gemütlich warmer Rückzugsort für eine Winterreise an die See.

Nur einen kurzen Fußmarsch ist es vom Naturcamp zu den Bodden, wo das Aufeinandertreffen von Meer- und Süßwasser die Küste besonders reizvoll macht. An den Buchten und Stränden des Bodstedter Bodden finden Campingurlauber schöne Badeplätze und ein ideales Revier zum Windsurfen und Kiten. Mit dem Fahrrad gut zu erreichen ist der 18 Kilometer lange feinsandige Strand von Fischland-Darß-Zingst mit viel Platz zum Baden, Sonnen, Spielen im Sand und für ausgedehnte Spaziergänge mit Seeluft in der Nase. Je nach Strandabschnitt wahlweise mit oder ohne Textilien.

AUSFLÜGE IN DER NÄHE auf einen Blick

	Strecke	Schwierigkeit	Dauer
Fernglas	Variabel	Leicht	Nach Lust und Laune oder bei einer geführten Tour
Fahrrad	15 km	Leicht	1 Std., über das Kurhaus Zingst zum Osterwald
Wandern	10 km	Leicht	4 Std., Winterwanderung von Prerow zum Ort Darß

Radfahrer fädeln direkt in den Ostsee-Radweg ein, der auf 800 Kilometern der Küste zwischen dänischer Grenze und der Insel Usedom folgt und dabei auch die **Vorpommersche Boddenlandschaft** passiert. Die ist seit 1990 Nationalpark und mit gut 786 Quadratkilometern der größte Nationalpark an der Ostsee und der drittgrößte Deutschlands. Mehr als 80 Prozent seiner Fläche erstreckt sich über Meer, Watt und Lagunen. Charakteristisch ist die sich ständig verändernde Küstenlandschaft, die von Wind und Wellen beständig umgestaltet wird. Wie das genau geht und was Sandfrachten, Windwatten und Sandhaken auszeichnet, lässt sich am besten bei einer Tour mit einem Ranger erleben. Dabei erfährt man auch Wissenswertes über die hier typischen Dünen, Strandseen und Sümpfe, Moore und Erlenwälder und für welche Tierarten Windwatt, Heide, Moor und urige Wälder ein idealer Lebensraum sind. Egal, ob dauerhaft wie Moorfrösche und Rothirsche, auf der Durchreise wie die unübersehbaren Kraniche oder als Saisongäste wie die unscheinbaren kleinen Knutts, die aus Sibirien, Kanada und Grönland zum Überwintern kommen.

Eine besondere Art, sich hier umzuschauen, ist die Fahrt mit einem Zeestboot. Die historischen Fischerboote mit ihren rotbraunen Segeln, mit denen die Netze oder Zeesen ausgelegt wurden, fahren nicht nur zur Vogelbeobachtung durch die flachen Gewässer der Boddenlandschaft.

Mit dem Fahrrad die Umgebung entdecken, etwa am Aussichtspunkt am Dornbusch.

VÖGEL DES GLÜCKS

Was sind opportunistische Fresser? Auf Fischland-Darß-Zingst kann man sie hautnah erleben und erfahren, dass die Fressgewohnheiten den Kranichen zu diesem Namen verhalfen, weil sie ihre Ernährung dem saisonalen Angebot anpassen. Die Halbinsel in der Ostsee ist einer von Europas größten Rastplätzen von Graukranichen. Zehntausende der majestätischen »Vögel des Glücks« picken im Oktober Getreidereste aus den abgeernteten Feldern und schlafen nachts im seichten Wasser, ehe sie gestärkt in den Süden fliegen. Besonders gut kann man sie von einem der Boote aus sehen, die von September bis November zur Kranichbeobachtung in den Zingster Strom und nach Pramort schippern. In dieser Zeit steht auch das Kranichinfomobil an der Plattform am Zingster Deich, wo Ranger aus dem Kranichzentrum während des allabendlichen Einflugs alle Fragen der Beobachter beantworten.

Im März machen die Vögel auf dem Weg zu ihren Brutplätzen in Skandinavien erneut Station in der Vorpommerschen Boddenlandschaft. An einigen Orten werden zu unterschiedlichsten Themen Kranichführungen angeboten. Ein guter Platz, um die eleganten grauen Vögel zu sehen, ist das Kranorama am Günzer See. Ergänzend zu dem, was man hier live vor den schmalen Sichtschlitzen sieht, gibt es Liveübertragungen auf großen Monitoren, um ganz nah dran zu sein (www.zingst.de/kraniche-beobachten).

MAMMUTBÄUME IM REGENMOOR

Radfahren ist ein besonderes Vergnügen auf Darß und Zingst, weil man mit dem Drahtesel über ein gut ausgebautes Wegenetz auch Orte im Naturschutzgebiet erreicht, die mit dem Auto nicht zugänglich sind. Aber auch, weil es viel intensiver ist, mit salziger Luft in der Nase und Meeresbrise im Gesicht die Gegend zu erkunden. Etwa den 800 Hektar großen Osterwald mitten im Nationalpark Vorpommersche Boddenlandschaft. Ein besonderer Ort zum Träumen und Staunen mit schlanken Birken, die im Wasser stehen, Mammutbäumen, Regenmooren und den Hudebäumen, Buchen deren mächtige Krone aus einem kurzen Stamm wächst, weil es rundum so wenig Bäume gab, dass sie sich nicht zum Licht strecken mussten. Entstanden in der Zeit, als der schöne Eichen- und Buchenwald östlich von Zingst zur Waldweide für das Vieh wurde.

Schon der Weg zum Osterwald ist schön. Vom Kurhaus Zingst geht es den Deich entlang Richtung Pramort. Wenn man beim Strandaufgang 1 Richtung Dreiländereck abbiegt, sieht man bald Wald und Moor. Ab dem Dreiländereck, mit Schutzhütte und Infotafel zur Geschichte der hier aufeinandertreffenden Grenzgräben aus dem 13. Jahrhundert, folgt man der Beschilderung zum Bodden, an dessen Ufer es zurück nach Zingst geht – mit guter Sicht auf das Städtchen Barth und die Vogelinsel Kirr. Letztere kann man – in geführten Gruppen – auch mit dem Fahrrad erkunden (www.fahrrad-luft.de).

Eine besondere Art, sich hier umzuschauen, ist die Fahrt mit einem Zeestboot.

»Wind und Wellen gestalten die Küstenlandschaft beständig um.«

WINTERGÄSTE AN DER OSTSEE

Friedemann Bartz weiß genau, worauf er achten und wohin er schauen muss. Viele Jahre war er Ranger im Nationalpark. Nun zeigt er Gästen bei Wanderungen, was den besonderen Reiz dieser Landschaft ausmacht. Nicht nur im Sommer. Im Winter, wenn die Luft ganz klar ist und der Schnee unter den Stiefeln knirscht, spaziert er durch die Boddenlandschaft zum Darßer Ort und zum Weststrand, weil sich von hier aus die Tierwelt besonders gut beobachten lässt. Mit etwas Glück entdeckt man Seidenschwänze, Kreuzschnäbel oder einen Seeadler. An Rothirsche und Schwarzwild erinnern tagsüber nur die Spuren im Schnee. Dafür überragt der Leuchtturm Darßer Ort weithin sichtbar die winterliche Dünenlandschaft (www.zingst.de).

Der Wind streicht durch das Küstengras und formt den Sand zu immer neuen Wellen.

INSEL-CAMPING-BORKUM 2

Geeignet für Wohnmobile, Caravans und Zelte, 220 Standplätze
Ende März–Ende Okt.
▶ Hindenburgstr. 114, D–26757 Borkum
Tel. +49 49221088
GPS 53.593699, 6.67595
■ pincamp.de/NW1200

Sand, soweit der Blick reicht: Im Westen der Insel ist der Sandstrand so breit, dass man an manchen Stellen das Meer kaum sieht. Vor allem bei Ebbe. Ein Urlaub im **Nationalpark Wattenmeer** ist etwas Besonderes. Wo sonst kann man schon auf dem Meeresboden wandern und Wattwürmer zählen? Auf dieser Hochseeinsel atmen nicht nur Allergiker auf.

Dieses Urlaubsgefühl! Schon auf der Fähre nach Borkum bleiben Alltag und Sorgen an Land. Wenn die Möwen über den Köpfen fliegen und der Wind ins Gesicht bläst, zeigt sich die Nordsee von ihrer typischen Seite. Zwei Stunden dauert die Fahrt von Emden nach Borkum. Als westlichste der Ostfriesischen Inseln liegt Borkum zugleich am weitesten vom Festland entfernt. Neben Helgoland ist sie die einzige Hochseeinsel und erfreut vor allem Allergiker mit jodhaltiger und pollenarmer Luft. Also tief einatmen! Gut, dass das beim Camping sowieso inklusive ist, es gibt wohl keinen Urlaub mit mehr Frischluftgarantie wie den auf dem Campingplatz.

Insel-Camping-Borkum bietet großzügige Stellplätze auf einem ebenen Wiesengelände.

AUSFLÜGE IN DER NÄHE auf einen Blick

Wandern	10 km	Leicht	2 Std., hin und zurück Campingplatz–Dünenbudje
Aussicht	Variabel	Leicht	2–3 Std., Promenade–Hohes Riff

Halbhohe Busch- und Pappelreihen geben Sichtschutz und ermöglichen Privatsphäre. Die Ausstattung ist modern und gepflegt. Der Campingplatz liegt nah an der Inselstadt, perfekt zum Bummeln und Shoppen. Und immer bleibt der Strand nur einen Fußweg entfernt. Oder doch auf dem Campingplatz bleiben? Die kleinen Urlauber wird es freuen – es gibt einen gut ausgestatteten großen Kinderspielplatz und Kinderanimation.

Schnuppern, Strand und Schwimmen, das ist Nordseeurlaub pur. Doch nur zum am Strand faulenzen, dazu wäre die Zeit zu schade, viel zu viel gibt es zu entdecken. Am besten rauf aufs Rad und die Insel erkunden, denn zu Fuß stellt sich schnell heraus: Borkum ist immerhin zehn Kilometer lang. Und je nach Windstärke und vor allem Windrichtung können sich die Strecken ganz schön hinziehen. Räder können auch auf dem Campingplatz geliehen werden. Und dann in den Sattel schwingen, weg von der Promenade, hin in die weiten Dünenwelten mit den kleinen Pfützen, in denen sich malerisch der Himmel spiegelt.

Wie wäre es denn mit einer Tour zur Hooge Hörn? Am Oststrand der Insel geht es zunächst mit dem Rad durch die Salzwiesenlandschaft. Strandläufer, Säbelschnäbler und Co fliegen gern mal aus dem Gebüsch auf. Und am Ende lockt das wilde, weite Meer. Nicht immer muss es auf Borkum aber das Meer sein, wenn man Wasser sehen möchte. Es gibt auch den Tüskendörsee. Borkums

Eine Radtour auf Borkum führt unweigerlich über Sandstraßen. Wichtig ist dabei, die Windrichtung zu beachten.

einziger See ist nur aus der Ferne zu bewundern, denn er ist den Vögeln vorbehalten. Die Menschen haben ja schließlich an den vielen Stränden genug Bademöglichkeiten. Die vielen Vögel dort zu sehen, ist schon beeindruckend.

BARFUSS DEN STRAND ENTLANG

Bei so viel Sand heißt es: Schuhe ausziehen und einfach loswandern. Gibt es etwas Schöneres? Dafür bietet sich vor allem der Strandabschnitt an, der hinter der Aussichtsdüne beginnt. Einfach vom Campingplatz die Hindenburgstraße gen Meer gehen und sich den Weg durch den Sand bahnen. Möglicherweise ist das Meer weit entfernt, weil gerade Ebbe ist, oder die Flut rollt mit Wellen an den Strand. Beides ist wunderschön und gleichzeitig auch noch richtig gesund, denn das ist die berühmte Thalasso-Therapie. Je dichter man am Meeressaum geht, umso reichhaltiger ist die Luft an Salz- und Jodpartikeln, die sich wohltuend auf Bronchien und Atemwege auswirken. Und wer barfuß geht, bekommt eine Fußmassage gratis obendrein. Auf dem Rückweg locken einige Cafés am Dünenrand zur Einkehr mit Kaffee und Kuchen.

Der Seehund kommt nach dem Fressen an Land, um in der warmen Sonne etwas zu dösen.

ROBBEN BEOBACHTEN

Sie sind die heimlichen Stars der Insel: Die knuffigen, pummeligen Robben, die den ganzen Tag lang in der Sonne zu dösen scheinen. Zu den besten Zeiten ist die Seehundbank »Hohes Riff« schwarz vor Robbenkörpern. Gemeinsam mit Seehunden liegen sie dort in der Sonne, dösen und verdauen. Es sind übrigens die größten, frei lebenden Raubsäugetiere Deutschlands, die sich dort bei Niedrigwasser ein Stelldichein geben. Die Sandbank mit den Robben steht unter strengem Schutz und darf nicht betreten werden, doch von der gegenüberliegenden Landseite aus ergibt sich ein wunderbarer Blick auf die Tiere. Wer ein Fernglas dabei hat, wird sogar mit lustiger Mimik belohnt. Es gibt auch begleitete Wanderungen zu den Seehundbänken, sie sind buchbar im Feuerschiff Borkumriff. Kombiniert sind die Wanderungen immer mit einer Wattwanderung und vielen Informationen über den Nationalpark Wattenmeer. Keinesfalls auf eigene Faust machen! Das ist übrigens auch verboten.

> »Wenn der Wind ins Gesicht bläst, zeigt sich die Nordsee von ihrer typischen Seite.«

Sommer, Sonne und Badespaß: Ferien sind einfach herrlich.

3 NATURCAMPING ZUM HEXENWÄLDCHEN

★★★

Geeignet für Wohnmobile, Caravans und Zelte, 70 Standplätze
Anf. April–Ende Dez.
▶ Blankenförde 1a,
D–17252 Mirow, Blankenförde-Kakeldütt

Tel. +49 3982920215
GPS 53.347116, 12.923138

■ pincamp.de/MK7650

Kinderparadies: »Was für ein schöner Tagesabschluss«, sagt Andreas. Er sitzt vor dem Familienzelt und blickt in den klaren Sternenhimmel. Die Kinder schlafen nach einem erfüllten Tag voller Abenteuer. Auch auf dem Platz ist es ruhig. In Blankenförde-Kakeldütt befindet sich direkt am Jamelsee der familiäre Naturcamping Zum Hexenwäldchen. Er liegt malerisch mitten im Wald und ist umgeben von der Mecklenburgischen Seenplatte und dem **Müritz-Nationalpark**. Der größte deutsche Waldnationalpark wurde 1990 zum Schutz der mecklenburgischen Wald- und Seenlandschaft gegründet und umfasst über 100 Seen und mehr als 400 Moore. Die eindrucksvolle Landschaft entstand durch das Abtauen der massigen Eisflächen nach der letzten Eiszeit. 70 Prozent der Waldflächen sind mit Kiefern bewachsen. Die alten Buchenwälder rund um den Ort Serrahn gehören sogar zum UNESCO-Welterbe.

Das Campinggelände mit gemischtem Baumbestand ist teils eben und teils terrassiert. Wohnmobile, Wohnwagen und Zelte stehen auf Parzellen mit Blick auf den See oder mitten im Wald.

AUSFLÜGE IN DER NÄHE auf einen Blick

Wasser	Variabel	Leicht	Nach Lust und Laune, Start am Campingplatz
Wandern	15 km	Leicht	Nach Lust und Laune

Pkws müssen separat abgestellt werden. Hier treffen sich Familien, Wanderer und Wassersportler. Natur, Abenteuer und Ursprünglichkeit stehen im Mittelpunkt, und natürlich das Wasser. Es gibt ein beheizbares überdachtes Freibad, eine Sauna und am See einen 60 Meter langen Sandstrand mit Badesteg. Das Ufer ist ideal zum Toben im klaren Wasser und Buddeln im Sand. Der aufblasbare Kletterberg im See ist sehr beliebt. Auch sonst ist alles vorhanden, was sich Camper wünschen. Auf dem Campingplatz gibt es Brötchenservice, einen Imbiss und Lebensmittelladen. Ein gutes Restaurant liegt nur ein paar Schritte entfernt.

Die umliegenden Seen und Wälder bieten vielfältige Freizeitmöglichkeiten. Eine Station auf dem Campingplatz verleiht Kanus und Kajaks. Mit ihnen lassen sich die umliegende Natur und der Müritz-Nationalpark vom Wasser aus erkunden. Die beliebte Wasserwanderroute »Obere Havel«, die von Kratzeburg nach Userin die Seen verbindet, verläuft ganz in der Nähe des Campingplatzes. So machen auch immer wieder Kajakfahrer einen Zwischenstopp. Entlang der kleinen und größeren Seen kann man auch zu Fuß stunden-

Unterwegs mit dem Kanu vom Zotzensee zum Jaethensee im Müritz-Nationalpark.

Morgenstimmung mit leichtem Nebel liegt über der Moorlandschaft bei Serrahn.

»Entlang der kleinen und größeren Seen kann man auch zu Fuß stundenlange Wanderungen unternehmen.«

lange Wanderungen unternehmen und wird immer wieder von der Vielfältigkeit der Natur- und Pflanzenwelt verzaubert. Der Müritz-Nationalpark-Weg und andere gut ausgeschilderte Routen führen am Campingplatz vorbei. Auch Kraniche oder Seeadler lassen sich beobachten. Ein gut ausgebautes Radwegenetz verlockt zu ausgedehnten Radtouren. Auch wer kein Zweirad dabeihat, kann die Region auf diese Weise erkunden. Fahrräder und E-Bikes werden auf dem Campingplatz vermietet. Und die Mecklenburgische Seenplatte, wie das Land der 1000 Seen genannt wird, lädt ebenfalls zu Unternehmungen ein.

Kinder lieben neben dem Spielplatz und dem See den platzeigenen Streichelzoo mit Schweinen, Schafen, Ponys, Eseln, Kaninchen und freilaufenden Hühnern. Mit den Tieren kann man sogar spazierengehen, und die Hühner kommen manchmal bis ins Zelt. Zusätzlich wird in den Sommermonaten ein Kinderprogramm angeboten. Highlights für Groß und Klein sind auch die regelmäßig stattfindenden Lagerfeuerabende mit Musik und Stockbrot.

Umweltschutz ist den Inhabern des Naturcampingplatzes am Jamelsee wichtig. So wird Strom mit Wasserkraft erzeugt. Dazu kommen wassersparende Maßnahmen und eine umweltgerechte Abwasserbehandlung.

NATUR HAUTNAH

Die Mecklenburgische Seenplatte ist eines der beliebtesten deutschen Reviere für Kanufahrer. Hier erleben Paddler die Natur hautnah. Keine Strömung und Wehre mindern das Vergnügen. So eignen sich die Gewässer auch gut für Anfänger, die hier bis zu 15 Kilometer am Tag zurücklegen können. Und es gibt sehr viel zu sehen. Seen, Moore und Wälder mit tief herabhängenden Zweigen bilden die eindrucksvolle Landschaft am Wasser. Zum Teil ist sie ursprünglich, zum Teil durch Menschen geschaffen. Viele Tiere leben im Müritz-Nationalpark, die man vom Boot aus in aller Ruhe beobachten kann. Darunter sind See- und Fischadler, Eisvögel oder Fischotter, die sich durch die Menschen nicht gestört fühlen. Die Kanubasis Blankenförde direkt auf dem Campingplatz vermietet Canadier und Kajaks, inklusive Ausrüstung, für unvergessliche Stunden auf dem Wasser. Sie ist ein idealer Ausgangspunkt für Tages- und mehrtägige Wandertouren. Auch eine Rückholung ist nach Absprache möglich.

Über einen kleinen Stichkanal geht es vom Jamelsee zur Havel, die hier im Quellgebiet motorbootfrei ist und verschiedenste kleine und große Seen miteinander verbindet. Nördlich fährt man ins Havelquellgebiet Richtung Kratzeburg. Südlich erreicht man Userin und die Schleuse Zwenzow. Ein Highlight ist im Juli die Seerosenblüte auf dem benachbarten Görtowsee.

Bei einem Besuch der Schlossinsel in Mirow lohnt es sich, auch einen Blick in das Schloss zu werfen.

EINTAUCHEN IN VERGANGENE PRACHT

Auf der malerisch am See gelegenen Schlossinsel in Mirow geht es fürstlich zu. Hier war eine Residenz des Herzogtums Mecklenburg-Strelitz. Unter anderem stammte die englische Königin Sophie Charlotte aus Mirow. Das liebevoll restaurierte prunkvolle Schloss, der Kavaliersbau und die gotische Johanniterkirche, deren Turm man sogar besteigen kann, zeugen von einstigem Glanz. Das von außen eher schlicht wirkende Schloss aus dem Barock und Rokoko kann besichtigt werden. Zu sehen sind prachtvolle Räume mit originalen Möbeln und handgestickten Tapeten. Höhepunkte sind der hochbarocke Festsaal und die außergewöhnlich gut erhaltene Rokokoausstattung. Der Audioguide ist empfehlenswert. Ein gemütlicher Bummel durch den Park zur romantischen Liebesinsel und eine Einkehr im Schlosscafé machen den Ausflug perfekt. Wer es lieber deftig mag: Die Alte Schlossbrauerei serviert Speisen und Getränke auf einer Terrasse am See. Für Kinder gibt es einen thematisch passenden, neu gestalteten Spielplatz.

Schier endlos scheinen sich die Hügelketten im Dahner Felsenland aneinanderzureihen.

4 CAMPINGPLATZ BÜTTELWOOG

★★★½

Geeignet für Wohnmobile, Caravans und Zelte, 150 Standplätze
Ende März–Ende Okt.
▶ Im Büttelwoog, D-66994 Dahn

Tel. +49 63915622
GPS 49.144216, 7.767666

■ pincamp.de/RP9600

Umgeben von roten Felsen: »Was für ein schöner Ort«, sagt Karin und schaut glücklich auf Wald und Felsen um sie herum. Sie und ihre Familie sind zum Campingplatz Büttelwoog wegen der Lage mitten in der Natur gekommen. Außer dem Zwitschern der Vögel ist nichts zu hören. Wanderer, Radfahrer, aber auch Familien mit großen und kleinen Kindern fühlen sich hier wohl. Der sympathische Naturcampingplatz bei Dahn liegt mitten im **Naturpark Pfälzerwald**. Es handelt sich um das größte zusammenhängende Waldgebiet in Deutschland. Dieses bildet mit dem angrenzenden Naturpark Nordvogesen das grenzüberschreitende UNESCO-Biosphärenreservat Pfälzerwald-Nordvogesen. Das von Menschen geprägte Gebiet ist wichtig für den Erhalt der biologischen Vielfalt und den schonenden Umgang mit Ressourcen. Typisch sind Mischwälder und Wiesentäler. Rund 70 Prozent der Bäume sind Nadelhölzer, da diese mit den trockenen Sandböden am besten zurechtkommen.

Rund um den freundlichen Urlaubsplatz Büttelwoog befindet sich das Dahner Felsenland mit einer Fülle aus bizarren Buntsandsteinfelsen und Burgruinen. Drei mächtige Felsenburgen stehen

AUSFLÜGE IN DER NÄHE auf einen Blick

Wandern	12,5 km	Mittel	5 Std., Start: Nördlicher Ausgang Campingplatz
Ort	8,5 km	Mittel	Nach Lust und Laune, Parken: Drachenfelshütte bei Busenberg
Ort	15 km	Leicht	2 Std., kurzer Spaziergang vom Parkplatz zum Eingang des Stollens

oberhalb von Dahn und bilden die größte Burgenanlage der Pfalz. Der Ausflug lohnt sich. Treppen, Räume und Gänge wurden in den Sandstein gehauen und darüber dann weitere Gebäude errichtet.

Zur schönen Lage kommt eine himmlische Ruhe. Wohnmobile, Wohnwagen und Zelte stehen umgeben von duftendem Kiefernwald auf einem lang gestreckten, leicht ansteigenden Gelände mit Terrassen in einer Talmulde. Die Plätze sind naturbelassen und mit Bäumen und Pflanzen abgegrenzt. Für Gäste mit Hund gibt es einen separaten Bereich. Rundum fällt der Blick auf bewaldete Höhen und malerische rote Felsen aus Sandstein in verschiedenen Größen und Formen. Die Ausstattung des Campingplatzes ist einfach. Viel Grün und Natur fallen ins Auge. Drei gut gepflegte Sanitärgebäude sind über das Gelände verteilt. Es gibt einen Kiosk für die nötigsten Einkäufe und eine Gaststätte mit Kamin und Freisitz. Neben einem angelegten Spielgelände für Kinder bietet der Campingplatz ein Spielfeld zum Bolzen, ein Beachvolleyballfeld und eine Minigolfanlage. Nur ein paar Meter entfernt befindet sich das Felsland Badeparadies mit Saunawelt. Über den Campingplatz gibt es vergünstigte Eintrittskarten. Mehrere Schwimmbecken, eine Riesenrutsche, Liegewiese, finnisches Saunadorf und klassischer Saunabe-

In Jahrtausenden hat das Wasser eine Höhle aus dem Felsen gewaschen.

Der Teufelstisch in Hinterweidenthal ist nur eine der Felsattraktionen im Naturpark Pfälzerwald.

reich bieten jede Menge Abwechslung und Erholung für Groß und Klein. Direkt vom Campingplatz starten verschiedene ausgezeichnete Wanderwege. Attraktiv ist auch das gut ausgebaute Netz an Radwegen in der Nähe.

FELSENWUNDER

Direkt vom Campingplatz kann man auf dem Dahner Felsenpfad die schönsten der Steinformationen rund um Dahn erleben. Der speziell angelegte Wanderweg ist mit einem schwarzen Felsen auf orangefarbenem Hintergrund gekennzeichnet und sehr abwechslungsreich. Er verläuft rund um Dahn an mehreren bizarren Felsformationen aus rotem oder gelbem Sandstein vorbei, die dem Dahner Felsenland ihren Namen geben. Immer wieder gibt es herrliche Blicke auf die Landschaft. Durch lichten Wald erreichen Wanderer zuerst den Pfaffenfelsen. Danach erfolgt der Anstieg zum Schillerfelsen. Den Aussichtspunkt auf dem Schwalbenfelsen besteigt man über eine Treppe. Nächstes Ziel ist der Elwetritschefels. Der nach dem pfälzischen Fabeltier benannte Felsen bietet eine wunderbare Aussicht auf die Umgebung. Von hier aus ist es nicht mehr

»Rundum fällt der Blick auf malerische rote Felsen aus Sandstein in verschiedenen Größen und Formen.«

weit zur Pfälzerwaldhütte, die am Wochenende bewirtschaftet ist. Im weiteren Verlauf passieren Wanderer frisch gestärkt blühende Wiesen und kommen dann zum Mooskopf, Rosskegelfelsen und Schlangenfelsen. Durch einen schmalen Felsspalt geht es zum Ungeheuerfelsen und dann hinauf zum Büttelfelsen. Nächster Höhepunkt der Wanderung ist der Lämmerfelsen. Nach einem kurzen Stück durchs grüne Wieslautertal steigt man zum Wachtfelsen hinauf und kommt nach einem Besuch beim Felsenpaar Braut und Bräutigam zurück zum Campingplatz. Der Dahner Felsenpfad wurde als Premiumweg ausgezeichnet. Wanderschuhe, Trittsicherheit und etwas Kondition sind notwendig. Wer nicht die ganze Runde machen möchte, kann unterwegs abkürzen.

Die Ruine Drachenfels bei Busenberg wird auch Backenzahn genannt.

BURGRUINE DRACHENFELS

Rund um den Campingplatz liegen viele spannende Burgruinen. Eine der sehenswertesten ist die Burg Drachenfels, die auf und in einen markanten Sandsteinfelsen bei Busenberg gebaut wurde. Sie ist frei zugänglich. Über enge Leitern und Treppen erreicht man den ehemaligen Bergfried, der auf den höchsten Abschnitt des Burgfelsens gebaut wurde. Oben hat man eine herrliche Aussicht auf das Umland und den Naturpark Pfälzerwald. Unterhalb der Burg lädt die Drachenfelshütte, die von der Ortsgruppe Busenberg des Pfälzerwald-Vereins betrieben wird, zur Einkehr ein.

UNTER DIE ERDE

Nicht weit vom Campingplatz in Richtung zur französischen Grenze liegt ein kleines Besucherbergwerk, das von der wichtigen wirtschaftlichen Rolle der Region in der Vergangenheit erzählt. Erwachsene und auch Kinder haben Freude an der liebevoll gemachten Führung. Der Parkplatz ist von Nothweiler aus gut ausgeschildert. Den Eingang erreicht man nach einem kurzen Spaziergang. Im St.-Anna-Stollen tauchen Besucher tief in die Erde und in die Vergangenheit ein. Hier ist es eng und authentisch.

Mit Schlägel und Eisen wurden die Gänge in den Felsen getrieben. Denn im Land zwischen Nordelsass und südlichem Wasgau verlaufen reiche Erzadern, die früh erschlossen wurden. Bereits ab dem 15. Jahrhundert wurde in der Region an verschiedenen Orten Eisenerz abgebaut. Über mehrere Jahrhunderte lebten die Menschen hier vom Bergbau. Ende des 19. Jahrhunderts änderte sich die wirtschaftliche Situation und die Gruben wurden geschlossen. Freiwillige haben das ehemalige Erzbergwerk bei dem kleinen pfälzischen Ort vor rund 50 Jahren wieder zugänglich gemacht. Im Sommer kann es besucht werden. Bei einem 420 Meter langen Rundgang erfahren Besucher viel über die Vergangenheit und das Leben in der Region. Im Winter dienen die Gänge Fledermäusen als Unterschlupf. Unbedingt an wärmere Kleidung denken. Unter Tage sind es nur 9 °C.

Einfach loslassen und eine herrlich entspannte Zeit genießen.

5 ADVENTURE CAMP SCHNITZMÜHLE

★★½☆☆

Geeignet für Wohnmobile, Caravans und Zelte, 100 Standplätze
▶ Schnitzmühle 1, D–94234 Viechtach

Tel. +49 994294810
GPS 49.069166, 12.913466

■ pincamp.de/NB9370

Alles ganz relaxt: Die Schnitzmühle ist ein ganz besonderer Ort mitten im **Nationalpark Bayerischer Wald**. Nur einen Steinwurf vom Luftkurort Viechtach entfernt und doch in einer anderen Welt. Camping ist hier sehr archaisch oder aber ganz modern. Auf alle Fälle ganz entspannt. Egal, ob man als Kanuwanderer auf dem Regen Station macht und für eine Nacht sein Zelt aufschlägt, als Familie Lagerfeuerromantik genießt oder die Schnitzmühle als inspirierende Oase für Workation nutzt.

Kristian und Sebastian Nielsen haben auf dem traditionsreichen Campingplatz allen spießigen Mief ausgekehrt und einen besonderen, sehr lässigen Ort daraus gemacht. Lokalpatriotismus trifft hier auf Weltoffenheit. Nicht nur im Restaurant Thai Bay, wo vorzugsweise regionale Produkte thailändisch zubereitet werden. Hier kann man Flusswandern oder beim Yoga Retreat abschalten, einen gemütlichen Tag am Badesee LaLaGuna verbummeln, sich mit Wellness verwöhnen lassen oder direkt am Platz in die Waldbahn steigen, die einen kostenlos durch die Region fährt. Auch abends noch nach Viechtach, wo es in der Kapelle des Alten Spitals eine sehr rege Kulturbühne mit Livekonzerten bei bester Akustik gibt. In den Sommermonaten wird auch LaLaGuna oft zu deren stimmungsvoller Open-Air-Außenstelle. Zeltwiesen und Stellplätze liegen idyllisch auf der Insel, die Schwarzer Regen und die kleine Aitnach bilden. Es gibt auch feste Parzellen, aber gerade im Platzteil unter Schatten spendenden Bäumen herrscht freie Platzwahl.

Wer nicht mit eigenem Schlafplatz zur Schnitzmühle anreist, der kann sich eines von drei zweistöckigen Sky-Lodge-Zelten mit Empore zum Schlafen und Privatterrasse mieten oder eines der eleganten schwarzen Tiny-Houses mit Panoramafenster zum Schwarzen Regen. Die sind nicht nur im Sommer ein herrlicher Rückzugsort, sondern auch im Winter, wenn eine Schneedecke über dem Bayerischen Wald liegt und Dampfwölkchen vom eiskalten Fluss aufsteigen. Überhaupt ist die Schnitzmühle auch auf Wintercamping und Wintersportler eingerichtet, die etwa nach einem Skitag am 30 Minuten entfernten Arber Ski und Ausrüstung im Trockenraum im Dschungelhaus abstellen können.

Schlittschuhfahren kann man hier nicht nur im kalten Winter. Auf der Kunststofffläche in Viechtach macht auch an heißen Sommertagen eine Runde Eislauf Spaß. Vielleicht kombiniert mit der Anreise per SUP?

»Zeltwiesen und Stellplätze liegen idyllisch auf der Insel, die Schwarzer Regen und die kleine Aitnach bilden.«

Im Nationalpark Bayerischer Wald reihen sich Wiesen und Wälder abwechslungsreich aneinander.

Die Luchse im Freigehege des Hauses zur Wildnis fühlen sich sichtlich wohl.

BESUCH BEI WOLF UND LUCHS

Wenn sich die Dämmerung über den Nationalpark Bayerischer Wald legt, kommen langsam die Tiere heraus, die sich den ganzen Tag über versteckt gehalten haben. Dann haben Besucher gute Chancen, im Freigehege des Hauses zur Wildnis einen Blick auf Luchse und Wölfe zu erhaschen. Zu sehen, wie geschmeidig sie sich bewegen und nur sichtbar sind, wenn man ganz genau hinschaut. Mit einem Ranger geht es hinaus, und es gibt viel Wissenswertes über die eleganten Tiere, die der Mensch vor mehr als 150 Jahren ausgerottet hat und die sich nun langsam wieder ihren ursprünglichen Lebensraum zurückerobern.

Wolf und Luchs werden bei einer geführten Wanderung tagsüber durch die Waldwildnis zwar nicht zu sehen sein. Spannend ist so eine zweistündige Tour – im Winter mit Schneeschuhen, die es vor Ort im Verleih gibt – dennoch. Allein, weil es Spaß macht, sich in der frischen Waldluft zu bewegen. Und mit den Erklärungen der Locals entdeckt und erfährt man vieles mehr, auf das man sonst nie geachtet hätte (Anmeldung zu allen Aktivitäten am Vortag; www.bayerischer-wald.de).

TEUFELSMAUER? HEXENWERK?

Das konnte nur mit dem Teufel zugegangen oder Hexenwerk sein. So versuchten sich die Menschen vor hunderten von Jahren den langen, mit Quarz gefüllten Riss zwischen Nabburg und Passau zu erklären, den tatsächlich die Erosion über Jahrmillionen formte. Dazu gehört der große Pfahl, ein riesiger Quarzfels im Nordwesten von Viechtach.

Gleich hinter der Stadt erhebt sich der markante Felsriegel über die Wiesen. Auf einem schmalen, schönen Weg geht es um den Pfahl herum, wobei nicht nur Aussicht und Landschaft reizvoll sind. Auch die Bergbauvergangenheit der Region ist hier noch präsent. Da ist das lang gezogene offene Gebäude der einstigen Verladestation. Beispielhaft hängt noch eine Lore an einer

AUSFLÜGE IN DER NÄHE auf einen Blick

	Strecke	Schwierigkeit	Dauer
Fernglas	35 km	Leicht	Variabel, kostenlose Anreise mit der Waldbahn
Wanderschuh	20 km oder 10 km	Leicht	4,5 Std., Campingpl.–Großer Pfahl oder Parkplatz Riedbachbrücke
Wellen	10 km	Leicht	3 Std., Familientour Schnitzmühle–Höllensteinsee

Schiene. So wie vor 1967, als damit das Quarzgestein aus dem Steinbruch transportiert wurde. Schautafeln erklären, wie die Loren von hier an Seilen hinunter nach Viechtach ins Brechwerk transportiert wurden. Vorbei an einer Bremsstation geht es an die Abbruchkante des Steinbruchs, dessen Steilwände heute Vögeln als Nistplatz dienen. Im St. Antonius-Pfahl mit seinem besonders hellen Quarz sieht mancher den gezackten Rücken eines Drachen. Ein Stück folgt man dem Pandurensteig, den ein Krummsäbel kennzeichnet, ehe es wieder zurückgeht. Seit 1993 gehört das stillgelegte Steinbruchareal zum Naturschutzgebiet Großer Pfahl mit einigen geowissenschaftlich wertvollen Geotopen. Der große Pfahl erhielt dabei vom Landesamt für Umwelt das Gütesiegel »Bayerns schönste Geotope« (www.naturorte.de/rundwanderweg-grosser-pfahl).

Die wildromantische Flusslandschaft erlebt man am besten bei einer Kanutour auf dem Schwarzen Regen.

BAYERISCH KANADA

Wenn die Niederbayern von Bayerisch Kanada sprechen, meinen sie den Abschnitt, an dem sich der Schwarze Regen seinen Lauf durch eine wildromantische Flusslandschaft bahnt. Was schon vom Land aus eindrucksvoll ist, wird es noch mehr aus der Bootsperspektive mit schilfgesäumtem Ufer, überhängenden Büschen und immer wieder großen Findlingen am Ufer. Die Schnitzmühle liegt direkt in einem der schönsten Reviere zum Kanuwandern, und gleich am Platz kann man ins Boot steigen und dem Fluss folgen, der sich hier ohne große sportliche Herausforderungen durch Wiesen und Wälder schlängelt. Links liegt Viechtach, danach geht es in einer weiten Schleife um die Stadt herum. Die zwei Stellen unterwegs, die man umtragen muss, sind gut ausgebaut, und wem der Sinn unterwegs nach einer Erfrischung steht, der kann auch mal ins Wasser springen und mit den Paddlern schwimmen. Aber vorsicht, es ist gar nicht so leicht, vom Wasser aus wieder ins Boot zu kommen.

Ab Mitte Juli (vorher ist dieser Flussabschnitt aus Naturschutzgründen gesperrt) und bei ausreichend hohem Wasserstand gibt es eine sportlichere Variante ab Gumpenried, das man von der Schnitzmühle aus per Zug erreicht. Mit etwas Glück sieht man unterwegs einen Eisvogel. Der Biberbau und der Turm der Burgruine Gumpenried sind nicht zu übersehen und vielleicht wird es am Gumpenrieder Schwall, einer etwa 250 Meter langen Wildwasserstrecke, spritzig. Nach rund eineinhalb Stunden erreicht man die Schnitzmühle (Bootsverleih am Platz, Rückholservice wird organisiert; www.bayerisch-kanada.de).

ÖSTERREICH

Die spektakuläre Region der Hohen Tauern bietet neben den höchsten Gipfeln Österreichs wie dem Großglockner und dem Großvenediger mehr als 300 Gletscher und genauso viele Seen, reißende Flüsse und die höchsten Wasserfälle Europas, einsame Täler und dichte Wälder. Murmeltiere, Gämsen und Greifvögel leben in dieser Traumlandschaft. Hier heißt es nach Herzenslust wandern, klettern, radfahren, raften, Tiere beobachten und es sich rundum gutgehen lassen.

KURVE UM KURVE SCHRAUBT MAN SICH AUF DER GROSSGLOCKNER HOCHALPENSTRASSE IN DIE HÖHE.

Bei diesem Bergpanorama kann man es gar nicht erwarten, morgens aufzustehen.

NATIONALPARK CAMPING ANDRELWIRT 6

Geeignet für Wohnmobile, Caravans und Zelte, 85 Standplätze
ganzjährig geöffnet
▸ Goldbergweg 3, A–5661 Rauris, Wörth
Tel. +43 65446411
GPS 47.197233, 12.9763
▪ pincamp.de/SA1600

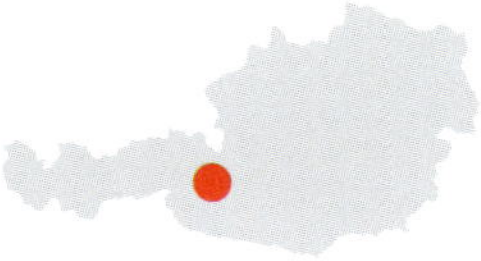

Erholsame Ruhe: Österreichs wohl spektakulärster **Nationalpark** heißt **Hohe Tauern**. In dem Eck zwischen Kärnten, Salzburg und Tirol erheben sich mit Großglockner und Großvenediger einige der höchsten Gipfel Österreichs. Neben tiefen, teils einsamen Tälern und dichten Wäldern machen vor allem die Gletscher den Zauber des Tales aus. Immerhin ganze 342 Gletscher finden sich dort. Perfekt, um mit Zelt oder Camper einen Outdoor-Aktivurlaub zu starten.

Auf dem Nationalpark Camping Andrelwirt wird man sich das ganze Jahr über wohlfühlen – ob im Sommer zum Wandern oder im Winter zum Skifahren. Großzügige Standplätze auf einem gepflegten Wiesengelände sorgen für Abstand. Für gemütliche Abende steht ein Grillplatz zur Verfügung und Kinder freuen sich über einen Spielplatz und ein Animationsprogramm.

Wilde reißende Flüsse laden zu Raftingtouren ein. Gletschereis quillt über die Berge und schimmert an manchen Stellen sogar türkisblau. Murmeltiere pfeifen, und in der Ferne huscht ein Steinbock über die Felsen – der Nationalpark Hohe Tauern hat viele unterschiedliche Gesichter. Als ältester und größter Nationalpark des Landes hat

AUSFLÜGE IN DER NÄHE auf einen Blick

📍	6 km	Leicht	3 Std., Naturfreundehaus Kolm Saigurn–Fraganter Scharte
≈	Variabel	Leicht	Nach Lust und Laune, nur mit einem erfahrenen Guide

er nicht nur 300 Gipfel mit mehr als 3000 Metern Höhe zu bieten, auch Tierfreunde machen dort spannende Begegnungen. Nicht nur die schnell wieder in ihre Bauten huschenden Murmeltiere zeigen sich, sondern auch Steinadler oder Gämsen. Es lohnt sich, mit dem Fernglas in den Himmel zu schauen, denn dort kreisen oftmals Bartgeier. Sie wurden 1986 erstmals im Krumltal ausgewildert. Dort gibt es sogar einen Lehrpfad »König der Lüfte«; spannend sind auch von Rangern begleitete Touren.

Wer statt Tieren lieber Landschaft und Wasser sucht, wird nicht enttäuscht. Stille Bergseen gibt es fast doppelt so viele, wie das Jahr Tage hat. Sie zeigen sich oftmals völlig überraschend und locken zu einer kurzen Pause. Noch schöner sind die vielen Flüsse und Wasserfälle wie der Jungfernsprung oder gar die Krimmler Wasserfälle. Letztere sind immerhin die größten Europas und gehören mit ihren 380 Metern Fallhöhe zu den Top 5 der Welt. Von der Holzbrücke aus ergibt sich ein fast filmreifes Panorama auf das weiß sprühend in die Tiefe stürzende Wasser. Im Raurisertal lockt sogar ein Wasserfall-Rundwanderweg zu einer garantiert erfrischenden Tour. Wer lieber im Sattel sitzt, findet im Nationalpark viele Touren, egal ob mit E-Bike oder Mountainbike, das Spektrum reicht von leicht bis schwer. Und sich auf den Sattel schwingen kann man im Raurisertal nicht nur auf dem Rad, sondern auch auf dem Pferderücken lässt sich die Gegend hervorragend erkunden. Ach, es gibt so viel zu entdecken, und viel zu schnell ist der Urlaub vorbei. Da hilft nur eines: wiederkommen!

TAUERNGOLD ERLEBNISWEG

Im Urlaub Gold finden und die Reisekasse etwas aufbessern? Wer träumt nicht davon? Tatsächlich ist der Boden im Raurisertal voller Gold. Oberhalb von Kolm-Saigurn florierte der Bergbau und beförderte Gold und Erze ans Tageslicht. Noch heute erzählen Relikte von diesen goldenen Zeiten, denn immerhin wurde im Raurisertal fast 600 Jahre lang Edelmetall gefördert. Auf dem Tauerngold-Erlebnisweg säumen nicht nur alte Stollen und Halden die Strecke, sondern auch die Knappenhäuser. Immer wieder sind alte Mauern zu sehen oder sogar die Ruine des ehemaligen Maschinenhauses. Sogar ein Schrägaufzug zeigt sich. Der Weg ist familientauglich, sollte aber nicht unterschätzt werden. Mit etwas Glück findet

Der Blick auf den Großvenediger von Matrei aus ist atemberaubend.

man selbst einen Glitzerstein. Und falls nicht, lohnt es sich dennoch: Am Ziel lockt die herrliche Aussicht auf die umliegenden Gipfel. Und wer vom Gold noch nicht genug hat, kann unter Anleitung selbst sein Glück an Goldwaschplätzen versuchen, in Bodenhaus und Heimalm gibt es solche Stellen.

CANYONING

Sich in die Fluten eines Gebirgsbachs mit einem Schlauchboot zu stürzen: Das nennt sich Rafting und kann richtig Spaß machen. Auf jeden Fall ein nasses Vergnügen. Noch mehr Fun und Action gibt es beim Canyoning. Da lässt man einfach das Boot weg und stürzt sich selbst in die Fluten. Aber Vorsicht, das sollte nur unter Aufsicht passieren. Erfahrene Guides sollten mit dabei sein, wenn es in die Salzach geht. Neoprenanzug an und dann los. Es wird ein adrenalinreicher Ritt. Durch das Flussbett wird nicht nur gestapft, sondern auch in Tümpel gesprungen oder mit dem rauschenden Wasser über Stromschnellen geglitten. Wem das zu abenteuerlich aussieht: Die Teilnehmer sind oftmals mit Seilen gesichert und müssen auch nur das machen, was sie sich zutrauen. Alternativen gibt es immer. Doch es lohnt sich, sich seiner Angst zu stellen – hinterher fühlt man sich wie neugeboren! Also Tourguide suchen und los. Buchen sollte man mindestens 24 Stunden vorher.

»Der Nationalpark Hohe Tauern eignet sich perfekt für einen Outdoor-Aktivurlaub«

Canyoning im Fluss Malta ist eine nasse Angelegenheit, macht dabei aber sehr viel Sp

SCHWEIZ

Die einzigartige Landschaft und Bergwelt von Graubünden liegt im Schweizerischen Nationalpark. Er ist der älteste Nationalpark der Alpen und Mitteleuropas. Die Schweiz bedeutet Wandern, Radfahren, Skifahren. Ob Sommer oder Winter: Hier gilt es, die Natur zu respektieren und sie dabei in vollen Zügen zu genießen. Gecampt wird mit Bergblick und darüber der Himmel. Das bleibt unvergessen. Solche Erlebnisse brennen sich ein und hinterlassen für immer eine Sehnsucht.

DIE RADWEGE IN GRAUBÜNDEN GARANTIEREN EINE HERRLICHE AUSSICHT.

Im Sommer bricht man vom Campingplatz aus gerne zu Berg- oder Radtouren auf.

TCS CAMPING SCUOL 7

Geeignet für Wohnmobile, Caravans und Zelte, 200 Standplätze
Mitte Dez.–Mitte März, Anf. Mai–Ende Okt.
▸ CH–7550 Scuol

Tel. +41 818641501
GPS 46.791566, 10.29845

▪ pincamp.de/GR3600

Sommerglück und Wintertraum: Wo sich der Inn noch als schmaler Fluss seinen Weg durch das Unterengadin bahnt, schmiegt sich Scuol an die sonnigen Hänge. Seinen Namen hat das bedeutendste Dorf im Tal von der senkrechten Klippe, die den Ort vom Fluss trennt, und auf der weithin sichtbar die Kirche ihren spitzen Turm in den Himmel streckt. Ein Postkartenmotiv, das man auch vom Campingplatz aus sieht, der zusammen mit den Sportanlagen auf einem Flussknie liegt; nur zehn Minuten vom gemütlichen Dorf mit seinen engen Gassen und den schönen Steinhäusern entfernt und ideal, um direkt vom Platz aus zu sportlichen Aktivitäten zu starten. Viele Wanderrouten, Radtouren und Langlaufloipen erstrecken sich in nächster Nähe. Und dazu mit dem Eisweg Engadin (www.eisweg-engadin.ch) ein besonderer Wintertraum. Auf einer drei Kilometer langen, akribisch gepflegten Runde, die dem Inn zwischen Scuol und Sent folgt, läuft man mit Schlittschuhen durch den verzauberten Winterwald.

Überhaupt ist der Platz begehrt für Wintercamping. Zum Einstieg in das auf einer Terrasse über dem Tal liegende Skigebiet Motta Naluns bringt ein Gratisbus die Campinggäste, und nach einem Tag im Schnee können sie ihre Ausrüstung bequem im beheizten Trockenraum lagern. Und wenn die frühe Winternacht einbricht, trifft man sich zum gemütlichen Plausch an der Feuerschale oder taucht im Restaurant Gurlaina Brotstücke ins cremige Käsefondue. Wahlweise drinnen im eleganten Lokal oder warm eingepackt draußen im Fackelschein.

Besonders gemütlich ist es im Winter in einem der fünf Familypods, wo es sich bis zu vier Leute im tonnenartigen Holzhäuschen mit Teeküche und Sonnenterrasse bequem machen. Im Sommer gibt es dazu noch zwei Geopods, coole, möblierte Canvaszelte, von deren Dachfenster aus man direkt aus dem Bett in den Sternenhimmel schaut.

Die Stellplätze liegen am Hang und erstrecken sich über Wiesen und einen Wald mit lichten Nadelbäumen. Hier ist man ganz nah an der Natur, die im Sommer vor allem Mountainbiker genießen, die neben einem gut ausgebauten Wegenetz mit Radverleih, Waschanlage und Werkstatt auch am Platz alles finden, was sie brauchen.

Nicht weit vom Platz beginnt der **Schweizerische Nationalpark**, der älteste Nationalpark der Alpen und Mitteleuropas, der seit seiner Gründung 1914 unter Schutz steht und seit 1979 Biosphärenreservat der UNESCO ist. Dass im Park strenge Regeln herrschen wie die Pflicht, sich auf vorgegebenen Wegen zu bewegen, hat auch die Tiere wieder zurückgebracht, und so kann man mit Ruhe und Geduld vom Murmeltier über Gämsen bis zum Bartgeier allerhand entdecken.

Winter ist es nicht weit zum Skigebiet Motta Naluns und danach für einen Bummel nach Scuol.

AUSFLÜGE IN DER NÄHE auf einen Blick

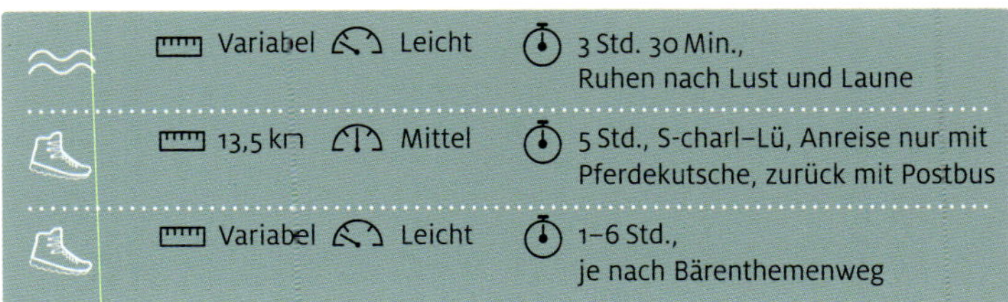

	Variabel	Leicht	3 Std. 30 Min., Ruhen nach Lust und Laune
	13,5 km	Mittel	5 Std., S-charl–Lü, Anreise nur mit Pferdekutsche, zurück mit Postbus
	Variabel	Leicht	1–6 Std., je nach Bärenthemenweg

TIEFENENTSPANNT

25 Mineralquellen sprudeln in und um Scuol. An den zahlreichen öffentlichen Brunnen gibt es häufig neben einem Hahn für normales Trinkwasser auch einen zweiten mit kohlensäurehaltigem Mineralwasser. Dass sich dieses nicht nur gut trinken, sondern auch vorzüglich für Anwendungen nutzen lässt, wussten schon die Römer. Und so zelebriert man bis heute im Bogn Engiadina ein römisch-irisches Baderitual, das auf antiken Vorbildern beruht. Das Einzige, was man hier braucht, ist Zeit. Die Toga umgebunden und los geht's auf eine dreieinhalbstündige Runde mit zehn Stationen. Hier wird geschwitzt und gebadet, inhaliert und sauniert, massiert und gecremt und am Ende liegt man herrlich tiefenentspannt in Decken gehüllt am Panoramafenster, nippt am Tee, knabbert regionale Köstlichkeiten und genießt die Ruhe und den Blick ins Grüne und auf die Berge (www.bognengiadina.ch).

STILLE WEGE

Schon auf dem Weg nach S-charl rückt der Alltag ganz weit weg. Die Pferdekutsche ist im Winter die einzige Alternative zu einem Fußmarsch ins 1800 Meter hoch gelegene Sommerdorf auf

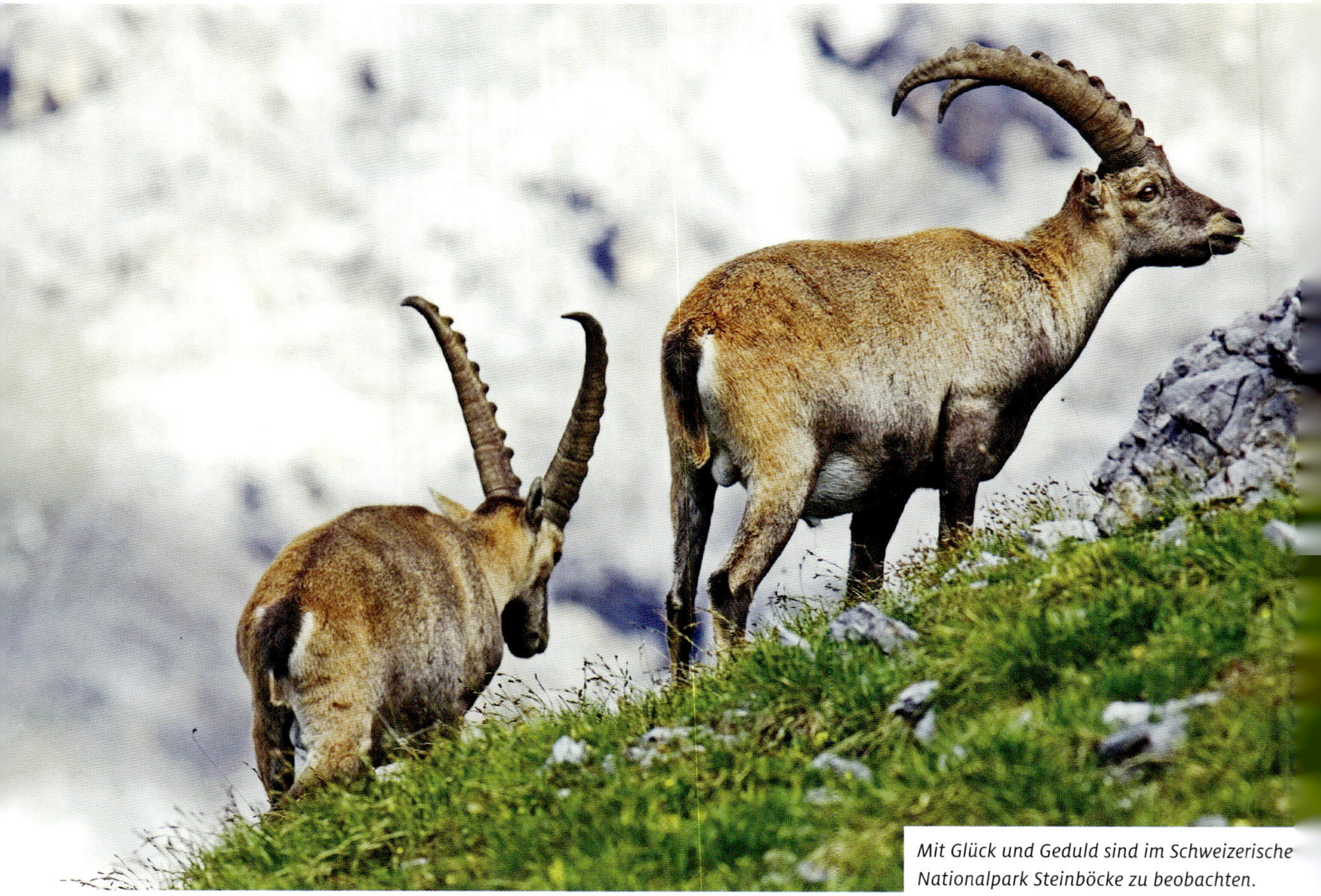

Mit Glück und Geduld sind im Schweizerische Nationalpark Steinböcke zu beobachten.

Aussichtsreich führt dieser Wanderweg durch die Schweizer Alpen.

dem Weg vom Unterengadin ins Vinschgau. Bis Mitte des 19. Jahrhunderts wurden hier Blei und Silber gefördert. Das ehemalige Knappenhaus und die renovierte Schmelzra, in der heute das Bergbau- und Bärenmuseum des Schweizerischen Nationalparks untergebracht sind, erinnern noch daran. Von hier aus geht es in ein traumhaftes Tourenski- und Schneeschuh-Gebiet. Gleich hinter dem Dorf führt die Strecke parallel zur Clemgia immer leicht ansteigend in Richtung Süden. Still liegt die Alp Astras, die im Sommer von Südtirol aus bewirtschaftet wird und wegen ihrer Marende – ihrer Brotzeit mit Käse und Speck aus eigener Produktion – ein beliebtes Ziel ist. Jetzt liegen die aus Stein gemauerten Gebäude verlassen da. Von hier ist es nicht mehr weit zum God da Tamangur, dem höchstgelegenen, geschlossenen Arvenwald der Alpen. Nach dem 2300 Meter hoch gelegenen Pass da Costainas beginnt der Abstieg. Auf der Alp Champatsch kann man auf der Sonnenterrasse rasten und den Ausblick auf das Münstertal genießen, bevor es auf der letzten Etappe hinunter nach Lü im Val Müstair geht.

»Hier ist man zu jeder Jahreszeit ganz nah an der Natur.«

WANDERN MIT DEM BÄREN

1904 wurde im Val S-charl bei Scuol der letzte Schweizer Bär geschossen. 101 Jahre später kam der erste Braunbär zurück in die Schweiz. Damals gab es bereits eine Bärenausstellung im Museum Schmelzra. 2006 kam mit dem grenzübergreifenden Projekt »Ursina« im Rätischen Dreieck zwischen der Schweiz, Österreich und Italien der sechste Bärenthemenweg zur »Senda da l'uors« dazu. Auf Runden zwischen einer und sechs Stunden werden verschiedene Themenbereiche erwandert. Dabei geht es von der Geschichte über den Herdenschutz bis zu Themen wie »Bären und Bienen« (www.engadin.com, www.ursina.org).

Besonders cool für Kinder: Auf der Nationalparkroute Margunet kann man mit einem digitalen Wanderführer per GPS dem Bären über 15 Stationen mit Suchaufträgen folgen (www.nationalpark.ch).

BEI EINER FAHRT DURCH DAS BIOSPHÄRENRESERVAT BARDENAS REALES GLAUBT MAN FAST, IM WILDEN WESTEN GELANDET ZU SEIN.

WEST- UND SÜDWEST-EUROPA

CAMPINGPLÄTZE IN WEST- UND SÜDWESTEUROPA

WEITERE TOLLE PLÄTZE AUF PINCAMP.DE!

NIEDERLANDE

Ausgedehnte Küstenspaziergänge

⑧ Nationaal Park Zuid-Kennemerland:
Camping de Lakens → S. 47

FRANKREICH

Beeindruckende Wasserwelten
und aussichtsreiche Wanderrouten

⑨ Parc naturel régional de Brière:
Camping le Deffay → S. 52

⑩ Naturpark Haute Jura:
Camping Surchauffant → S. 56

⑪ Parc Naturel Régional des Monts d'Ardèche:
Camping LE VIADUC Ardèche → S. 59

⑫ Nationalpark Écrins:
Camping Le Roustou → S. 63

ITALIEN

Eindrucksvolle Landschaftsbilder

⑬ Naturpark Fanes-Sennes-Prags:
Camping Al Plan – Dolomites → S. 67

⑭ Nationalpark Toskanisch-Emilianischer Apennin:
Camping Parco dei Castagni → S. 71

IBERISCHE HALBINSEL

Unberührte Natur

(15) Parque Nacional de los Picos de Europa:
Camping El Redondo Picos de Europa → S. 76

(16) Nationalpark Aigüestortes i Estany de Sant Maurici:
Aigüestortes Camping Resort → S. 80

(17) Biosphärenreservat Bardenas Reales:
Camping Bardenas → S. 84

(18) Nationalpark Peneda-Gerês:
Camping Lima Escape → S. 88

Zeichenerklärungen
für die Ausflüge → S. 190

NIEDERLANDE

Wind, Sand und Meer – die hügelige Dünenlandschaft im Nationaal Park Zuid-Kennemerland fasziniert. Eine abwechslungsreiche Tierwelt mit Vögeln, Konik-, Shetlandponys, Schottischen Hochlandrindern und den riesigen Wisenten will entdeckt werden. Die Umgebung erkundet man am besten auf langen Spaziergängen oder, wie in den Niederlanden üblich, mit dem Fahrrad. Und am unendlich scheinenden Strand sind der Vielfalt an Wassersportmöglichkeiten keine Grenzen gesetzt.

DIE HOCHLANDRINDER IM NATIONAAL PARK ZUID-KENNEMERLAND GEHEN ZUR ABKÜHLUNG GERNE INS WASSER.

Auf dem weitläufigen Campingplatzgelände findet jeder einen Platz mit viel Privatsphäre.

8 CAMPING DE LAKENS

★★★★

Geeignet für Wohnmobile, Caravans und Zelte, 694 Standplätze
Ende März–Ende Okt.
▶ Zeeweg 60,
NL-2051 EC Bloemendaal aan Zee

Tel. +31 235411570
GPS 52.40511, 4.55277

■ pincamp.de/WH3000

Ab in die Dünen: Je weiter man Amsterdam hinter sich lässt, desto mehr fühlt es sich nach Meer an. Gleich hinter den schmucken Vororthäuschen von Haarlem mit ihren strahlend weißen Fensterrahmen und Türen auf dunklem Stein und den akkurat gepflegten Vorgärten erstreckt sich die hügelige Dünenlandschaft des **Nationaal Park Zuid-Kennemerland**. In dessen Dünenmulden schmiegt sich de Lakens.

Seit 70 Jahren schon gibt es den Platz, der gleich am Eingang viel lässiges Lebensgefühl ausstrahlt. Auch weil Gäste herzlich und familiär willkommen geheißen werden. Rezeption, Restaurant und Lebensmittelladen sind mit viel Glas und Holz und klaren Formen sehr elegant an die Umgebung angepasst. Stellplätze und wirklich coole Mietunterkünfte mit obligatorischer Hängematte verteilen sich so auf dem Areal zwischen Dünen und Gebüsch, dass man viel Privatsphäre genießt. Mal spitzt das silbrig-glänzende Dach eines Airstreams aus den Büschen hervor. Mal schaut man genauer hin, wo sich die aus Schiffscontainern zusammengewürfelten Backpackhacks um eine gemeinsame Freiluftküche gruppieren. Und überall auf der weitgehend autofreien Anlage kann man seine Zehen in den weichen Sand

AUSFLÜGE IN DER NÄHE auf einen Blick

	Variabel	Leicht	Nach Lust und Laune
	Variabel	Variabel	Nach Lust und Laune, Start: am Strand von Zandvoort
	4 km	Leicht	1 Std., Start: Besucherzentrum Nationalpark, Sept.–März

graben. Wie groß die Anlage mit jeder Menge Annehmlichkeiten von Kinderbetreuung über Wellness und Massagen bis zum Pop-up-Store ist, wird allenfalls bei einem Spaziergang deutlich.

Wie eine Insel erstreckt sich der »Dameskamp« in den Nationalpark, ein kleiner, von Dünen gesäumter Bereich mit stylishen Mietzelten. Direkten Zugang zum 1995 unter Schutz gestellten Nationalpark mit alten Eichen, hohen Dünen, seltenen Orchideen und vogelreichen Dünenseen haben Campinggäste vom Platzteil »Liguster« aus. Wer dem Ligusterpfad folgt, gelangt direkt zum Vogelbeobachtungsposten und zum Aussichtsturm De Hazenberg. Von hier aus kann man nicht nur Dünenlandschaft und Vögel betrachten, sondern auch Konik- und Shetlandponys sowie Schottische Hochlandrinder, die mithelfen, die Dünenlandschaft zu erhalten.

Hier gibt es aber nicht nur viel Natur und einen fußläufig erreichbaren Strand. Die Aus-

Familien sind auf Camping de Lakens immer herzlich willkommen.

Die Dünenlandschaft im Nationaal Park Zuid-Kennemerland eignet sich hervorragend für ausgedehnte Spaziergänge.

gangslage ist ideal für Entdeckungstouren. Vieles ist mit breiten, gut ausgebauten Radwegen bequem erreichbar. Etwa Haarlem mit seinen Grachten und einsamen Seitenarmen der Spaarne, die man ab Kanal Leidsevaart am Steuer eines »Sloeps« vom Wasser aus erkunden kann. Oder man klettert auf den Balkon der Windmühle De Adriaan und betrachtet Stadt und Wasserwege von oben. Unbedingt sehenswert für alle, die idyllische Gärten lieben: die Hofjes, Wohnhöfe aus dem 14. Jahrhundert, hinter deren Toren sich herrliche Innenhofgärten erstrecken.

OM IN DEN DÜNEN

Spaziergänge im Naturpark, Meeresluft inhalieren oder Abschalten im Wellness-Dome – Camping auf de Lakens soll immer auch eine Zeit zum Abschalten und Runterkommen sein. Wie ginge das besser als mit Yoga? Die Dünenlandschaft bietet einige besonders schöne Orte dafür. Wer tiefer einsteigen möchte, kann dieses bei Yoga-Wochenenden tun, an denen sich drei Tage lang alles um Entspannung dreht. Dazu gehören verschiedene Yoga-Klassen, Atemübungen, stille Spaziergänge und Entspannung im Badehaus »De Wastobbe«.

»Gleich hinter Haarlem erstreckt sich die hügelige Dünenlandschaft des Nationaal Park Zuid-Kennemerland.«

AUF DIE BRETTER

Am 15 Kilometer langen Strand von Zandvoort, der nur einen kleinen Spaziergang oder eine noch kürzere Radetappe vom Platz entfernt ist, rollen die Wellen gemäßigt aber regelmäßig. Ideale Lernbedingungen. Und ein großes Vergnügen, wenn die ganze Familie mitmacht. Im Schnelldurchlauf erklärt der Familiensurflehrer, wo und wie die Wellen brechen, wann man zu paddeln beginnt und wie man aufs Brett springt, um im Idealfall stehend auf dem Wasser zu gleiten. Zwei Stunden üben, und es geht immer besser. Wem Schnuppern nicht genug ist, der geht am besten gleich in das dem Campingplatz angeschlossene Beachcamp mit Glampingzelten mitten in den Dünen, Surfkursen und vielen Aktivitäten, die allen Spaß machen, die im Herzen Surfer sind.

Und wenn es einmal nicht genug Wellen gibt? Dann greift man zum Paddel und nutzt das Board als SUP für eine gemütliche Ausfahrt entlang der Küste (www.surfana.com/de/surfen-holland/surfschule/zandvoort-bloemendaal, www.beachcampdelakens.com).

Allzu nahe sollte man einem Wisent nicht kommen – schließlich sind es Wildtiere.

BEEINDRUCKENDE RIESEN

Kraftvoll und mächtig stehen die zotteligen Wisente zwischen den Dünen. Dazwischen Jungtiere mit flauschigem Fell und staksigen Beinen. Im National Park Zuid-Kennemerland lebt seit 2007 eine Herde wilder Wisente oder europäischer Bisons. Im abgegrenzten Raum von Het Kraansvlak haben sie ihren Bereich, der in den Herbst- und Wintermonaten auf dem ausgeschilderten Weg des Bisontrails auch zugänglich ist. Aus gebührendem Abstand kann man die Herde in ihrem natürlichen Lebensraum, der Dünenlandschaft, beobachten. Bis im Nationalpark die Vogelbrutzeit beginnt. Dann ist der Bisontrail geschlossen. Gelegentlich auch, wenn die Herde Ruhe braucht. Vom Beobachtungspunkt in der Nähe des Besucherzentrums hat man aber gute Chancen, einen Blick auf die beeindruckenden Tiere zu erhaschen, die sich gern am großen Dünensee Kraansvlak aufhalten. Fernglas mitnehmen nicht vergessen. Besonders spannend sind die Fotosafaris mit dem Ranger und Naturfotografen Ruud Maaskant sowie die freitäglichen Exkursionen mit dem Förster zu den Wisenten. Dann erfährt man, warum die zwei Meter hohen und bis zu 3,5 Meter langen, muskulösen Tiere, die zu Europas »Big Five« gehören, vom Aussterben bedroht sind, und wie es gelungen ist, sie an einigen Orten wieder anzusiedeln (www.np-zuidkennemerland.nl, www.wisenten.nl).

FRANKREICH

Was für eine Vielfalt an Landschaften: im Nordwesten der Atlantik und das zweitgrößte Moorgebiet Frankreichs mit geheimnisvollen Monolithen. Im Osten die Bergwelt des Jura mit waldigen Hochplateaus, Schluchten und Wasserfällen. Schließlich fast schon im Süden die eindrucksvollen Gorges du Chassezac, deren Steilwände beinahe bis in den Himmel ragen, und der große Stausee Lac de Serre-Ponçon, der wie ein riesiger Spiegel zwischen den Bergen liegt.

WAHRES CAMPERGLÜCK: EIN PLATZ DIREKT AM SEEUFER UND DAS HERRLICHE BERGPANORAMA GLEICH GEGENÜBER

Malerisch und mit viel Platz um den Camper steht man zwischen den Bäumen.

CAMPING LE DEFFAY 9

★★★½

Geeignet für Wohnmobile,
Caravans und Zelte,
87 Standplätze
▶ Le Deffay,
FR–44160 Sainte-Reine-de-Bretagne

Tel. +33 240880057
GPS 47.441016, -2.1598

■ pincamp.de/PL3300

Idylle pur: Auf einem Landgut aus dem 12. Jahrhundert betreibt Familie Espivent de la Villesboisnet in einem weitläufigen parkähnlichen Gelände zwischen Sainte-Reine-de-Bretagne und dem Städtchen Pontchâteau einen besonderen Campingplatz. Wer sich hier zwischen viel Grün einrichtet, der ist schnell verzaubert von der Atmosphäre. Zwischen den Bäumen sieht man die Türme des Château du Deffay, das im 19. Jahrhundert zur Abrundung des Anwesens errichtet wurde. Heute ist es eine mehr als stimmungsvolle Kulisse für die familiär geführte Anlage, auf der sich Urlaubstage wunderbar vertrödeln lassen. Vielleicht in erster Reihe zum kleinen See. Bei einem Tennis- oder Volleyballmatch oder einer Partie Pétanque. Gleich nebenan geht es auf den Golfplatz. Und danach springt man in den Pool, holt sich am Food Truck ein Crêpe mit Salzkaramell oder macht es sich auf der Terrasse der ausgebauten alten Scheune gemütlich, die mit Läden, Bar, Restaurant und Platz zum

Kickern und Spielen der absolute Dreh- und Angelpunkt auf Camping le Deffey ist, wo Stellplätze sehr geräumig sind und inmitten jahrhundertealter Bäume viel Privatsphäre bieten. So wie auch die Mobilehomes und Chalets.

Direkt an den Platz grenzt mit dem regionalen **Parc naturel régional de Brière** das nach der Camargue zweitgrößte Moorgebiet Frankreichs. Hinter den von der Loire durch Schwemmland aufgetürmten Deichen erstreckt sich über 40 000 Hektar ein gewaltiges Hochmoor, das seit mehr als 50 Jahren unter Schutz steht. Auf sieben Inseln schmiegen sich reetgedeckte Häuser aneinander. So wie in Kerhinet, wo 18 restaurierte Häuser, Brotöfen, Waschhaus und Brunnen einen lebendigen Eindruck vom einstigen Leben vermitteln; vor allem an den Markttagen im Sommer.

30 Kilometer sind es von Camping le Deffey an den von eleganten Villen gesäumten Sandstrand

»Wer sich hier zwischen viel Grün einrichtet, der ist schnell verzaubert von der Atmosphäre.«

von La Baule. 40 Kilometer ins Bilderbuchstädtchen Le Croisic mit seinen schiefergedeckten Fachwerkhäusern und hübschen Gassen. Wie wär's mit einer Portion Muscheln direkt am Hafen und der Fahrt mit einer liebevoll restaurierten Brigantine hinaus an die Côte Sauvage? 60 Kilometer entfernt liegt Nantes mit schiefen Altstadthäusern, einem trutzigen Schloss mit Zugbrücke und dicken Mauern, engen Gassen und riesigen Metallfiguren, die den Fantasiegestalten berühmten Sohnes der Stadt Jules Vernes nachempfunden sind und Gäste über das einstige Hafenareal tragen. Wegen ihrer ökologischen Stadtplanung wurde die letzte große Stadt an der Loire 2010 als grüne Kapitale Europas gefeiert.

LEINEN LOS

Möwen kreischen und leicht streicht der Wind über die Wangen, während der Blick auf ein Schiff weit hinten am Horizont fällt. Im ehemaligen U-Boot-Bunker an den Transatlantikkais von Saint-Nazaire kann man für ein paar Stunden eintauchen in das Leben auf einem Ozeandampfer. Wer hier ein Ticket löst, der geht die Gangway hinauf, als ginge er tatsächlich an Bord, um in einer Zeit nach Übersee zu reisen, als das noch ein echtes Abenteuer war.

In der Hafenstadt an der Loiremündung wurden schon früh luxuriöse Ozeandampfer gebaut, die von hier aus auch in See stachen. In einem interaktiven Museum lässt sich hier die Welt der

An der Promenade von Saint-Nazaire gibt es viel zu sehen.

AUSFLÜGE IN DER NÄHE auf einen Blick

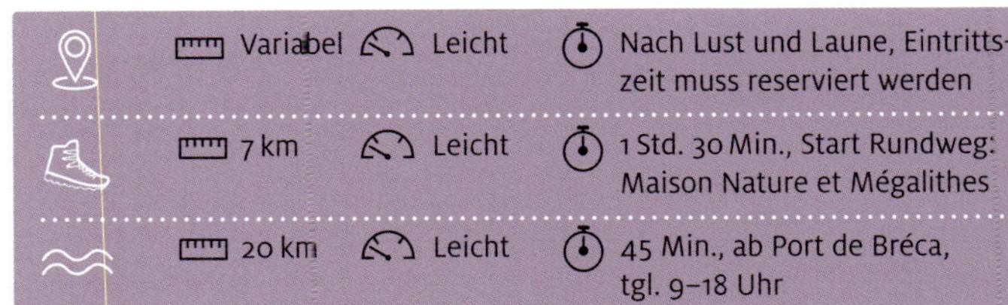

	Distanz	Schwierigkeit	Dauer
	Variabel	Leicht	Nach Lust und Laune, Eintrittszeit muss reserviert werden
	7 km	Leicht	1 Std. 30 Min., Start Rundweg: Maison Nature et Mégalithes
	20 km	Leicht	45 Min., ab Port de Bréca, tgl. 9–18 Uhr

Seefahrt erkunden. In 20 Räumen sind nicht nur Kabinen und Kajüten von einst aus Originalteilen alter Schiffe nachgebaut. Besucher gelangen vom Promenadendeck über die spartanischen Unterkünfte der Auswanderer bis in den Maschinenraum, sind an interaktiven Stationen als Reeder gefordert, hören im Musiksalon in die Playlists von damals und versuchen, im Laderaum möglichst viel Fracht unterzubringen, bis sie am Ende mit einem Rettungsboot von Bord gehen. Ein besonderes Museum, das allen Generationen Spaß macht. Und gleich nebenan kann man sich anschauen, wie heutzutage riesige Pötte gebaut werden. Die letzten großen Passagierschiffe, die hier vom Stapel liefen, waren »France«, »Queen Mary 2« und »Harmony of the Seas« (www.saint-nazaire-tourisme.de/sehenswuerdigkeiten-und-fuehrungen/sehenswuerdigkeiten/escalatlantic).

Das französische U-Boot »Espadon« wurde 1957 in Le Hav vom Stapel gelassen. Seit 1986 ist es ein Museum.

Die Monolithen in der Heidelandschaft von Cojoux regen die Fantasie an.

RUNDE IN DIE VERGANGENHEIT

Für Kinder ist die Sache ganz klar: Hier waren Asterix und Obelix. Wie sonst sollen die riesigen Monolithen mitten auf die Wiese gekommen sein? Im Maison Nature et Mégalithes gibt es dazu andere Erklärungen. Ebenso unterwegs auf den Schildern entlang der Strecke, die durch die reizvolle Heidelandschaft von Cojoux zu Dolmen und Menhiren führt. Am Naturparkhaus beginnt die Runde, die nicht nur ein schöner Spaziergang, sondern auch eine Reise in die Vergangenheit ist, zu Kultstätten und monumentalen Grabanlagen. Der Weg passiert die Dolmen Croix Saint-Pierre, Château Bû, Four Sarrazin und die Steinreihen Demoiselles de Cojoux, von denen man sich erzählt, dass es zu Stein gewordene junge Frauen seien, die erstarrten, weil sie lieber zum Tanzen gingen als in die Messe. Es gibt hier aber nicht nur uralten Stein, duftendes Heidekraut und blühenden Ginster. Poitevin-Pferde und schottische Rinder sorgen durch ihre natürliche Beweidung dafür, dass die Anlage nicht einwächst (www.megalithesetlandes.com).

MAGISCHE WASSERWEGE

Egal, welche Tages- oder Jahreszeit – die Sumpflandschaft des Parc naturel régional de Brière hat etwas Magisches. Umso mehr, wenn man sich auf Wasserwegen durch die Moor- und Sumpfgebiete nahe der Loiremündung in den Atlantik begibt. Auf Blins, flachen Holzkähnen, die wie venezianische Gondeln von einem stehenden Ruderer durch die Marais-Landschaft gesteuert werden. Mal muss man sich unter überhängenden Ästen wegducken, mal geht es durch weite Schilfflächen, vorbei an Teppichen der typischen weißen Seerosen und Büscheln gelber Iris. Immer lohnt sich ein aufmerksamer Blick, was hier fliegt und schwimmt. Mit Glück entdeckt man einen Eisvogel mit seinem glitzernd blauen Gefieder. Mal kreuzt ein schwimmender Biber den Weg. Reiher, Schilfbussarde, Krickenten und Löffler sind häufig zu sehen (www.larchebrieronne.com/promenades-en-chaland, www.parc-naturel-briere.com).

Die Alternative für alle, die lieber festen Boden unter den Füßen haben, ist eine Kutschfahrt durch den Park.

Verwunschen wirkt die Landschaft aus Wasser, Felsen, Bäumen und Moos.

CAMPING SURCHAUFFANT 

★★★

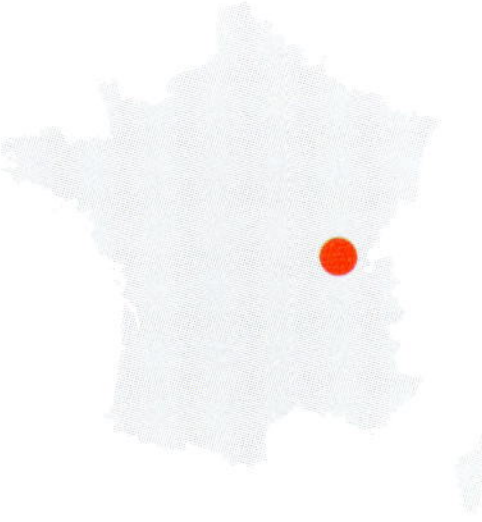

Geeignet für Wohnmobile, Caravans und Zelte, 123 Standplätze
▶ Le Pont de la Pyle, FR–39270 La Tour-du-Meix
Tel. +33 384254108
GPS 46.523177, 5.674249
▪ pincamp.de/BC8910

Ach, das Jura! Wer eine Region in Frankreich sucht, die noch ursprünglich ist, in der klare Flüsse sanfte Berge durchfließen, ist dort genau richtig. Der **Naturpark Haute Jura** ist vor allem bekannt für seine spektakulären Wasserfälle: Sie sind über und über mit Moos bewachsen und könnten auch Hauptdarsteller in einem »Herr der Ringe«-Film sein. Lieber Lust auf Berge? Oder kleine Städtchen? All das kann das Jura auch. Und immer gibt es in der Nähe einen Fluss oder einen See, in dem man schwimmen kann. Auf dem Campingplatz Surchauffant sucht man sich auf dem terrassierten oder dem ebenen Wiesengelände einen schönen Platz und genießt vom ersten Moment an den Blick auf die bewaldeten Höhenzüge.

Manchmal wirken sie wie ein grauer, faltiger Hut. Die Berge, die im Jura aufragen, haben Plateaus, auf denen es sich herrlich spazieren lässt. Unvermittelt tut sich dort plötzlich eine spektakuläre Schlucht auf oder Hänge ragen fast senkrecht in die Höhe. Das Hautes-Combes mit seinen Ebenen ist nicht nur zum Wandern interessant, sondern auch für Radfahrer. Denn das Geheimnis ist: Wer es einmal auf die Hochebene geschafft hat, radelt fast ohne

AUSFLÜGE IN DER NÄHE auf einen Blick

7 km	Leicht	1 Std. 30 Min., Start: Maison des Cascades
Variabel	Leicht	Nach Lust und Laune, Start: Ile de la Pyle

Steigung weiter und schafft fast mühelos weite Distanzen. Durch schattige Fichtenwälder geht es dann auf mehr als 1000 Meter Höhe. In den dichten Wäldern fühlen sich nicht nur Fuchs und Dachs wohl, sondern auch Luchs und Wildkatze.

Nicht umsonst tragen die Berge hier Namen, die schon ihre Gestalt erahnen lassen. Etwa der Chapeau de Gendarme, der Hut des Gendarmen, erinnert tatsächlich an eine Kopfbedeckung. Er befindet sich mitten im Nationalpark. Wer an seinen Hängen wandert, kann dabei einige Wasserfälle entdecken.

Wer im Jura unterwegs ist, trifft ständig auf die typischen Montbéliard-Kühe. Mit ihren weißen Köpfen und dem braunfleckigen Körper sind sie charakteristisch für die Region. Aus ihrer Milch wird der typische Comté-Käse hergestellt. Er ist ebenso berühmt wie der Morbier-Käse, der in seiner Mitte stets den grauen Aschestreifen trägt. Käse isst man im Jura praktisch überall, ob in kleinen Dorfrestaurants oder in den Käsereien. Doch am besten schmeckt er auf dem Campingplatz: Einfaches Baguette, dazu französische Butter, Käse und vielleicht noch ein guter Wein und das Abendbrot à la française ist perfekt.

Und am nächsten Tag? Natürlich auf zu den Wasserfällen, denn die machen irgendwie süchtig. Und in manchen kann man sogar baden – oder wenigstens duschen. Übrigens eignet sich das Jura auch perfekt für einen Wintercampingurlaub mit Schneeschuhwanderungen und Langlaufski.

WASSERFALLZAUBER

Im Jura gibt es viele schöne Wasserfälle. Eine Wanderung entlang herabstürzender Wasserfluten ist irgendwie immer ein Traum. Die rauschende Musik des Wassers in den Ohren und das Naturschauspiel direkt vor Augen. Eine Art, sie anzuschauen, ist, sich zum Ort Ilay zu begeben. Dort beginnt die Wasserfallwanderung. Zu den Höhepunkten zählt der Hérisson-Wasserfall, der sich in einer Schlucht befindet, in der sich insgesamt sieben Wasserfälle aneinanderreihen. Der höchste misst übrigens 65 Meter und mit etwas Glück, also nach einem starken Regenguss oder im Frühjahr, ergießt sich das Wasser über mehrere Stränge in die Felsen. Wer noch mehr über die Wasserfälle erfahren möchte, besucht das Informationszentrum Maison des Cascades. Am

Dichte Wälder und weite wellige Wiesenflächen wechseln sich ab im Naturpark Haute Jura.

schönsten sind die Wasserfälle übrigens im Frühjahr, wenn sie nach der Schneeschmelze richtig viel Wasser talwärts schicken. Unbedingt an gutes Schuhwerk denken, die Strecke kann rutschig sein.

INSELN KAPERN

Gleich gegenüber dem Campingplatz beginnt sie, die Brücke Pont de la Pyle. Über sie gelangen Camper auf die andere Seite des Stausees. Dort beginnt ein interessanter Rundgang. Schon von der Brücke aus ist die Ile de la Pyle sichtbar. Die kleine Insel liegt nah am Ufer und sieht vor allem an jenen Tagen besonders aus, an denen der See türkisgrün schimmert. Sie ist hell umrandet von Strand und Kalkstein und gehört zu den fotogensten Orten des Lac Vouglans. Genau hier macht der Stausee eine fast perfekte Rundung, sodass sich das gegenüberliegende Ufer fast wie ein perfekter Halbkreis in die Bergkulisse schmiegt. Auf an den Strand und vielleicht eine Runde schwimmen. Je nach Füllhöhe des Stausees können Urlauber entweder trockenen Fußes oder eher mit einem kleinen Fußbad die Insel erreichen. Also einfach mal einen kleinen Strandspaziergang wagen und auf einer Miniinsel stranden.

»Wie seidene Fäden rauscht das Wasser an den Hängen in die Tiefe und erfrischt mit seinem Sprühnebel jeden, der gerade in der Nähe ist.«

Das türkisgrüne Wasser im Lac de Vouglans und der Himmel strahlen um die Wette.

In der malerischen Umgebung von Arlebosc scheint die Zeit langsamer zu vergehen.

11 CAMPING LE VIADUC ARDÈCHE

Geeignet für Wohnmobile, Caravans und Zelte, 45 Standplätze
Mitte April–Mitte Sept.
▸ Le Banchet, FR–7410 Arlebosc
Tel. +33 475067449
GPS 45.024387, 4.649178
▪ pincamp.de/Pin_232310

Alles im Fluss: Dort, wo die Doux bei Arlebosc ein Knie formt, liegt mitten im Grünen ein besonderer Campingplatz mit luftigen Stellplätzen auf einer großen Wiese und im lichten Wald und einer Reihe besonderer Mietunterkünfte. Wie wär's mit einem Urlaub in Jurte oder Wigwam? Nicht nur Radtouristen, die hier auch außerhalb der »Ardechoise Ultra« willkommen sind, schätzen die Biwaks auf hohen Stelzenbeinen, während sich die Gäste in Blockhütten vielleicht ein bisschen wie Trapper fühlen. Ob Baumhaus, Kota, Schäferwagen oder Safarizelt – jede dieser außergewöhnlichen Unterkünfte hat einen lauschigen Platz und viel Abstand zum Nachbarn.

Die Hauptrolle auf dem idyllischen und liebevoll gepflegten Platz von Stéphanie und Olivier Ortillon spielt der Fluss. Schon beim Frühstück auf der Terrasse hat man die Doux im Blick. Der Platz mit den Fitnessgeräten ist gleich hinter dem Strand, und während die einen das erfrischende Vergnügen eines Bades im kühlen Wasser in vollen Zügen auskosten, stehen die anderen beim Fliegenfischen bauchtief im Wasser.

In einer Senke unterhalb von Arlebosc, nur einen Spaziergang vom **Parc Naturel Régional des Monts d'Ardèche** entfernt, liegt Camping

AUSFLÜGE IN DER NÄHE auf einen Blick

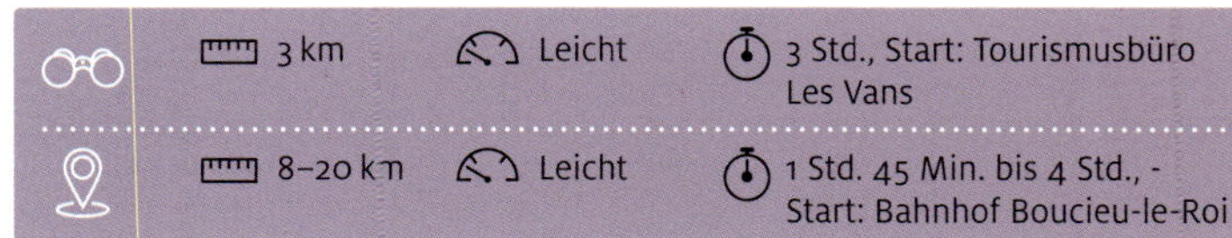

(Fernglas)	3 km	Leicht	3 Std., Start: Tourismusbüro Les Vans
(Ort)	8–20 km	Leicht	1 Std. 45 Min. bis 4 Std., - Start: Bahnhof Boucieu-le-Roi

le Viaduc Ardèche. Ein Ort zum Wohlfühlen mit gepflegten Gartenanlagen, einladendem Restaurant und lauschigen Flecken zum Nichtstun. Und ein ausgezeichneter Ausgangspunkt, um die Region aktiv zu entdecken. Egal, ob zu Fuß, mit Rennrad oder Mountainbike oder bei Ausritten im Grünen. Familien starten am Dorfplatz in den Entdeckerpfad, der sie unter anderem durch das Museum für Sakrale Kunst, das »Pierre-qui-vire«, zu vier Schlössern, dem Banchet-Viadukt und der Fußgängerbrücke von Tincey führt.

Böse Zungen behaupten, es gäbe mehr Ziegen in Arlebosc als menschliche Bewohner. Tatsächlich ist der 350-Einwohner-Ort für seine Ziegenmilchprodukte berühmt. In der Fromagerie des Blanchettes kann man sich direkt mit Joghurt, Quark und Käse wie dem würzigen Picodon du Chèvre eindecken und probieren, wie köstlich Eis aus Ziegenmilch schmeckt. Im Frühling, wenn die Kirschbäume blühen, ist der Besuch in der Käserei besonders schön. Den lokalen Wein zum Käse produzieren Lisa und Brice, die in Morlanche überwiegend Rotwein aus alten Gamay-Reben biologisch ausbauen. Wie all die anderen Köstlichkeiten aus der Region – Kastanien, Honig, Säfte, das Craft-Bier »Free Mousse«, Obst und Gemüse

Tief hat sich die Gorges du Chassezac in den Felsen eingegraben.

Bei einer Wanderung durch die Gorges du Chassezac erlebt man die wilde Natur ganz intensiv.

– bekommt man ihn dienstags und samstags auf dem Markt in Lamastre oder nach Anmeldung direkt auf dem Hof. Wer dann für die Campingküche noch die passenden Kräuter braucht, der sollte im kleinen Gewürzgarten nach den passenden Zutaten schauen.

»Ein Ort zum Wohlfühlen mit gepflegten Gartenanlagen, einladendem Restaurant und lauschigen Flecken zum Nichtstun«

BEIM KÖNIG DES FLUSSES

Wenn es ruhig wird in den Gorges du Chassezac und sich der Abend über die Schlucht senkt, sind die Chancen am besten, dass aufmerksame Beobachter einen Biber zu Gesicht bekommen. »König des Flusses« nennt ihn Ranger Romain Lamontagne, der regelmäßig mit Gästen zur Biberwanderung im Parc Naturel Régional des Monts d'Ardèche aufbricht. Und selbst wenn sie kein Glück haben, ist es jedes Mal eine schöne Tour vorbei an Biberburgen und den Futterplätzen

der putzigen Nager. Begleitet vom Ruf der Eule sieht man die Spuren ihrer breiten Schwänze im weichen Ufersand und das kahle Holz, wo ihre kräftigen Zähne an Stämmen schabten. Spannend sind aber nicht nur die Biber, sondern auch die Geschichte dieser eindrucksvollen Flusslandschaft mit bis zu 100 Meter hohen Steilwänden, die das Wasser in Jahrmillionen schliff (www.parc-monts-ardeche.fr).

IMMER AM GLEIS LANG

Bitte einsteigen! Die knallroten Fahrraddraisinen am Bahnhof von Boucieu-le-Roi animieren dazu, sich hineinzusetzen und loszustrampeln. Auf aufgelassenen Bahnstrecken geht es gemächlich durch die eindrucksvolle Landschaft der Gorges du Doux. Meist verläuft die Strecke parallel zum Fluss, der sich durch die bewaldeten Hänge schlängelt. Da es immer leicht bergab geht, ist eine solche Tour gar nicht anstrengend. Steinerne Viadukte überspannen Täler. Es ist eine abwechslungsreiche Strecke durch Wiesen, Wälder und vorbei an schroffen Felsen und immer wieder entlang der Doux. Je nach Lust und Zeit lässt man es gemütlich angehen oder man wählt eine sportliche Variante mit leichter Steigung. Die Strecken sind zwischen acht und 20 Kilometer lang. In allen Fällen ist es ein großer Spaß (www.velorailardeche.com/descente-des-chataigniers).

Mit der Fahrraddraisine erlebt man die Landschaft der Gorges du Doux im Vorbeifahren – nur überholen geht nicht.

Der Blick vom Campingplatz auf das kleine Inselchen mit der Kirche mitten im See ist einzigartig.

12 CAMPING LE ROUSTOU

★★★

Geeignet für Wohnmobile, Caravans und Zelte, 197 Standplätze

▶ Le Roustourias,
FR–5230 Prunières

Tel. +33 610022251
GPS 44.52315, 6.34085

■ pincamp.de/PO770

Unter Gipfeln: Die Alpen – das sind nicht immer nur Österreich oder die Schweiz. Frankreich hat auch Alpen zu bieten. Und was für welche! Dort trifft alpine Lebensart auf die Genussvielfalt der Provence. Und nebenbei gibt es 150 Berge mit 3000 bis 4000 Metern Höhe. Also auf nach Frankreich. Den wilden Nationalpark Écrins erkunden. Er ist ideal für Wanderer und besonders schön im Mai oder September.

Manchmal wirken sie wie blaue Augen: Die kleinen Seen auf den Hochplateaus, die das winterliche Schmelzwasser hinterlassen hat. Doch so ganz eisfrei ist es hier nie, selbst im Sommer liegt Schneegeruch in der Luft, er weht sanft von den Gletschern herüber. Der **Nationalpark Écrins** vereint Berge und Wasser auf das Schönste. Die Gipfel Tête de l'Hivernet oder Pic des Chabrières sind nah und locken zu Touren. Richtig alpin geht es auf den Wanderwegen zu. Wer im Frühjahr kommt, kann sogar noch Skilaufen. Und später in den Tälern auf der Terrasse schon einen Café au Lait in der Sonne genießen.

Im Herzen dieses Nationalparks liegt der Glacier Blanc, der mit seinem ewigen Eis nicht nur für malerische weiße Gipfel sorgt. Er bringt auch im Sommer kühle Winde. Der Gletscher

AUSFLÜGE IN DER NÄHE auf einen Blick

Wandern	14 km	Mittel	3 Std., Rundstrecke ab Parking des Combettes
Wasser	Variabel	Variabel	Nach Lust und Laune, unterschiedliche Kurse

ist es auch, der für die vielen kleinen Tümpel und Seen mitten in den Bergen sorgt, die so malerisch auf den Wiesen liegen. Eiswandern oder Touren zur Gletscherzunge gehören auf jeden Fall ins Programm eines Besuches des Nationalparks.

Wer Wasser sucht, der begibt sich im Nationalpark Écrins ins Tal. Der große Stausee Lac de Serre-Ponçon liegt wie ein riesiger Spiegel zwischen den Bergen. Auf einer Halbinsel befindet sich auch der gepflegte, bestens ausgestattete Camping Le Roustou, der sogar einen kleinen Strand sein Eigen nennt. Wassersport wird dort ebenso großgeschrieben wie im Schatten chillen und einfach den Blick auf die Berge und das Wasser genießen. Besonders schön: Die kleine Kirche auf dem Inselchen mitten im See. Sie ist ein Überbleibsel der einst verschütteten Dörfer, die 1955 beim Bau des Stausees überflutet wurden. Wenn der Wasserstand niedrig ist, kann man sogar zu Fuß zu dieser kleinen Insel wandern. Sonst heißt es, sich einfach dort hinträumen. Übrigens: Wer weiter gen Süden tourt, wird sich die riesige Mauer des Lac de Serre-Ponçon anschauen: Der 124 Meter hohe Damm ist Europas größter Erddamm und auch von Weitem schon sehr beeindruckend.

Im Nationalpark Écrins wandert man mit grandioser Aussicht auf den La Meije in den französischen Westalpen.

TÜRKISGRÜNES PANORAMA

Mit Sonnenschein und etwas Glück verwandelt sich der Lac de Serre-Ponçon in ein knalltürkisfarbenes Gewässer. Postkartenschön leuchtet er dann. Und genau das ist ein idealer Tag, um zu wandern. Bei dieser Wanderung ist Kondition gefordert, denn es gilt, einen Höhenunterschied von 500 Metern zu überwinden. Los geht es am Parking des Combettes. Von dort aus zieht sich der Wanderweg auf Schotter den Berg hoch, teilweise mit einer Steigung von bis zu 16 Prozent. Also sind Bergschuhe Pflicht, Wanderstöcke können auch nicht schaden. Doch dann wird man belohnt durch eine grandiose Aussicht auf den schönen See, der in den herrlichsten Farben schillern kann. Auf dem Weg zurück wartet noch eine kleine Mutprobe: Die Passerelle du Monteynard befindet sich auf der Strecke. Sie spannt sich mehr als 200 Meter lang über den Lac de Monteynard und erinnert an Hängebrücken im Himalaya. Man muss sie aber nicht gehen, kann sie auch aus der Ferne bewundern und dann gemütlich zurück ins Dorf wandern.

…r große Stausee Lac de Serre-Ponçon strahlt mit dem Himmel um die Wette.

SEGELN LERNEN

Einmal das Ruder in der Hand halten und sich im Wind treiben lassen? Das geht auf dem Lac de Serre-Ponçon. Dort können Urlauber Schnuppersegeln oder gleich einen Segelkurs machen. Wer also immer schon einmal damit geliebäugelt hat, kann tatsächlich in den Alpen den Segelschein machen. Der Lac de Serre-Ponçon lässt sich sowieso vom Wasser aus am schönsten erkunden. Die vielen kleinen Buchten, die den Besuchern vom Ufer aus verborgen bleiben, sind dort sichtbar und laden zu Pausen und zum Träumen ein.

»Besonders schön: Die kleine Kirche auf dem Inselchen mitten im See«

Aber vorher heißt es, den Überblick behalten, an welcher Leine gezogen werden muss, damit die Jolle wieder perfekt im Wind liegt. Wer den Camper oder sein Zelt verlassen möchte, kann auch über eine Nacht auf dem Segelboot nachdenken. Ansonsten einfach nur genießen, sich mit dem Wind treiben lassen und im rechten Moment das Ruder umlegen. Informationen über die Kurse gibt es beim Campingplatz.

ITALIEN

Die saftigen Almwiesen, glasklaren Bergseen, mächtigen Felsmassive, verkarsteten Rinnen und unvergleichlichen Aussichten in den Dolomiten lassen niemanden kalt. Und wenn die Mittagssonne den Pragser Wildsee smaragdgrün leuchten lässt oder die Abendsonne die Berge in rosafarbenes Licht taucht, dann will man nur noch bleiben und staunen. Die rauen Berge des Apennin-Gebirges sind nicht so hoch wie die Dolomiten, mit Torfmooren und dichten Wäldern aber mindestens genauso faszinierend.

ERSTER SCHNEE LIEGT AUF DEN GIPFELN RUND UM DEN PRAGSER WILDSEE IM NATURPARK FANES-SENNES-PRAGS.

Der Camping Al Plan – Dolomites liegt in perfekter Ausgangslage für vielerlei Aktivitäten.

13 CAMPING AL PLAN – DOLOMITES

Dem Himmel so nah: Skifahren im Winter. Im Frühling erleben, wie winzige Blüten kraftvoll aus den Wiesen brechen, während die Hänge noch von Schnee bedeckt sind. Im Sommer in frischer Bergluft der Hitze in den Städten entfliehen oder sich an den Farben und Köstlichkeiten des Herbstes erfreuen, wenn die Tage schon kürzer werden. Und immer die mächtigen Felsgipfel der Dolomiten als Kulisse, an denen man sich nicht sattsehen kann.

Geeignet für Wohnmobile, Caravans und Zelte, 60 Standplätze
Anf. Dez.–Mitte April, Ende Mai–Mitte Okt.
▶ Catarina Lanz Straße 63,
IT-39030 St. Vigil in Enneberg

Tel. +39 0474501694
GPS 46.69485, 11.938166

■ pincamp.de/ST3250

Inmitten dieser faszinierenden Bergwelt gleicht der am Ortsrand gelegene Al Plan Dolomites einer Insel, von der aus man in bester Ausgangslage ist. Für sportliche Exkursionen ohnehin, aber auch, um Natur und Kultur dieser besonderen Region zu entdecken. St. Vigil in Enneberg liegt 20 Kilometer hinter Bruneck als nördlichstem Ort im Gadertal auf einem sonnigen Plateau inmitten der Berge. Direkt hinter dem Dorf beginnt der **Naturpark Fanes-Sennes-Prags** mit seinen ausgedehnten Almwiesen, smaragdgrünen Bergseen, mächtigen Bergen und verkarsteten Rinnen. Wie genau die Dolomiten entstanden, was es mit dem Höhlenbären Ursus

AUSFLÜGE IN DER NÄHE auf einen Blick

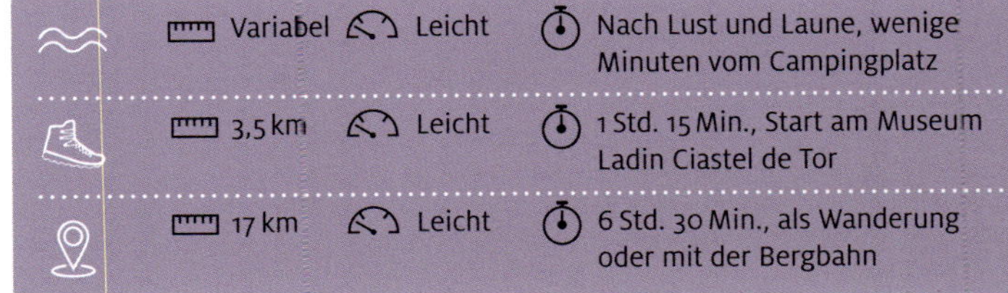

	Strecke	Schwierigkeit	Dauer
	Variabel	Leicht	Nach Lust und Laune, wenige Minuten vom Campingplatz
	3,5 km	Leicht	1 Std. 15 Min., Start am Museum Ladin Ciastel de Tor
	17 km	Leicht	6 Std. 30 Min., als Wanderung oder mit der Bergbahn

ladinicus auf sich hat, dessen fossile Überreste Ende der 1980er-Jahre in einer Höhle am Conturines gefunden wurden, oder was die Bergwiesen unterhalb des Heiligkreuzkofels so besonders macht, wird im kostenlos zugänglichen Naturparkhaus (www.suedtirol.com/natur/naturparks/fanes-sennes-prags) anschaulich erklärt. Und auch, wie es zur sagenumwobenen Enrosadira kommt, bei der die Berge in der Abenddämmerung rosa leuchten.

Damit Campinggäste die Aussicht auch möglichst gut genießen können, sind die Stellplätze – obligatorisch mit Wasser-, Strom- und Gasanschluss sowie gratis WLAN – terrassiert. Schon beim Frühstück am Camper kann man den Blick über die Gipfel schweifen lassen und Pläne schmieden.

Beim Wellness danach erinnert man sich zwischen Kräutersauna und Dampfbad an die schrillen Warnpfiffe der Murmeltiere, die bunt

Bei einer Wanderung durch den Naturpark Fanes-Sennes-fühlt man sich zwischen den Felsmassiven ganz klein.

Die Farbe des Wassers im Pragser Wildsee ist einmalig.

blühenden Almwiesen und glasklaren Bergseen. Mit Düften, Felsendusche und Dolomitenbildern fühlt man sich auch hier mitten in den Bergen. Genauso wie später im Restaurant bei ladinischen Spezialitäten wie Knödeln, Polenta mit Pilzen, Gerstensuppe oder Schüttelbrotnudeln zum Wild aus der Region. Serviert werden diese auf der aussichtsreichen Terrasse oder in einer heimeligen Gaststube mit viel Holz, wie es in der Gegend üblich ist.

Schon von außen sehenswert ist die neue Rezeption hinter einer eleganten Fassade aus hellen Holzlamellen, deren Form die Bergspitzen im Hintergrund aufgreift und der Ort ist, an dem einem bei allen Fragen geholfen wird.

STRAND IN DEN BERGEN

Für's Strandvergnügen muss man nicht unbedingt am Meer sein. Am Spiaggetta Ciamaor lassen sich wunderbar ganze Tage mit Eimer, Schaufel und gut gefülltem Picknickkorb verbringen. Der von 40 Quellen aus dem Naturpark Fanes-Sennes-Prags gespeiste Vigiler Bach eignet sich hervorragend dazu. Dort, wo er sich bei St. Vigil durch die Wiesen windet und schon Generationen Einheimischer Steine zu Hindernissen türmten, entstand mit einer Sandbank ein schöner Platz für kleine Abenteurer und große Genießer – während sich die Kleinen auf dem Abenteuerspielplatz vergnügen, können sich die Erwachsenen leise vor sich hindösend dem süßen Nichtstun hingeben, ein Buch lesen oder die herrliche Natur rundum bewundern (www.sanvigilio.com/de/aktivitaeten/spiaggetta-ciamaor).

EINE RUNDE KUNST

Wozu lassen sich kreative Menschen von Natur und Kultur der Dolomiten anregen? Diese Frage stellt das öffentliche Kunstprojekt SMACH nunmehr seit zehn Jahren, und so entstand oberhalb des Museum Ladin Ciastel de Tor ein inspirierender Weg zu vielfältigsten Exponaten von einem blankpolierten, elf Meter hohen Stachel über eine erst auf den zweiten Blick erkennbare Riesenblase über dem Bergbach bis zum regenbogenbunten Band aus überdimensionalen farbigen Holzbögen (www.smach.it/art-park).

Wer davon nicht genug hat: Für Konditionsstarke mit alpiner Erfahrung gibt es im Sommer und Herbst – privat oder in Gruppen – geführte, viertägige Trekkingtouren von Kunstinstallation zu Kunstinstallation. Eine eindrucksvolle Runde mit Nächten in der Hütte und intensiven Erlebnissen draußen (www.holimites.com).

INS MUSEUM GEHEN

Das erste Aha-Erlebnis hat man auf dem Kronplatz-Gipfelplateau schon im Foyer: einem lang gestreckten gemeinsamen Eingang zum LUMEN-Museum und Bistro AlpiNN von Sternekoch Norbert Niederkofler. Während die Tür links zu Pustertaler Kartoffeln mit Saibling, Fondue in Birkenrinde und Rind in Bergheu führt, geht es rechts direkt in die Welt der Bergfotografie. Zu den Anfängen, als mit großem technischem Aufwand die ersten Schwarz-Weiß-Bilder entstanden. Zu Expeditionen, bei denen die Geschichte des Alpinismus geschrieben wurde, und auf eine technische Zeitreise. In hellen, klar strukturierten Räumen, die immer wieder auch den Blick auf die Bergwelt rundum freigeben, geht es auf Entdeckungstour. Mal werden Erinnerungen wach, mal staunt man über völlig Unerwartetes. Besonders spektakulär ist der Gebäudeteil, in den einst die Gondeln einfuhren. Jetzt sitzt man

Weit ragt das Bistro AlpiNN über den Berghang hinaus. Bei schönem Wetter ist die Aussicht einmalig.

»Schon beim Frühstück am Camper kann man den Blick über die Gipfel schweifen lassen und Pläne schmieden.«

dort wie im Kino und schaut auf eine überdimensionale Kameralinse, die sich langsam öffnet. Und natürlich der Spiegelraum, in dem sich der Betrachter wie im Inneren eines Kaleidoskops fühlt, an dessen Wänden sich die Dolomiten in unendlichen Variationen brechen (www.lumen-museum.it).

Nur einen kurzen Fußweg entfernt vermittelt das MMM Corones einen Blick auf den traditionellen Alpinismus. Der von Zaha Hadid in den Berg gebaute Ausstellungsraum ist eines der sechs Messner Mountain Museen und soll Rückzugs- und Erfahrungsraum sein (www.messner-mountain-museum.it).

Bäume und Hecken sorgen für Schatten und Privatsphäre am Camping Parco dei Castagni.

14 CAMPING PARCO DEI CASTAGNI

Unbekanntes Italien: Der **Nationalpark Toskanisch-Emilianischer Apennin** zwischen Parma und La Spezia entstand 2001 mit der Zusammenlegung mehrerer Naturschutzgebiete. Er besteht aus den rauen Bergen des Apennin-Gebirges, Torfmooren und dichten Wäldern, in denen Buchen, Weißtannen und andere Nadelbäume wachsen. Dazu kommen Bergseen und satte Wiesen. In den niederen Lagen dominieren Kastanien und Eichen. Verschiedene seltene und gefährdete Pflanzen stehen hier unter Schutz. Murmeltiere und Steinadler leben im Gebiet der Hochweiden. Auf der Südseite in der Toskana wachsen Oliven und Wein. Die Bevölkerung der Region lebt schon viele Jahrhunderte von der Käseproduktion und Nutzung des Walds. Kleine Kirchen und mittelalterliche Festungen zeugen von der Wichtigkeit in der Vergangenheit.

Geeignet für Wohnmobile und Zelte,
25 Standplätze
▶ Via del Parco 5,
IT–41025 Montecreto

Tel. +39 053663595
GPS 44.245916, 10.711983

▪ pincamp.de/ER4800

Schön gelegen und umgeben von der bilderbuchhaften Landschaft der Emilia-Romagna ist der Camping Parco dei Castagni idealer Ausgangspunkt für die Erkundung des Nationalparks. Der Monte Cimone, mit 2165 Metern höchster Berg im nördlichen Apennin, liegt fast vor der Tür. Schon bei der Anfahrt nach Montecreto, das auf

AUSFLÜGE IN DER NÄHE auf einen Blick

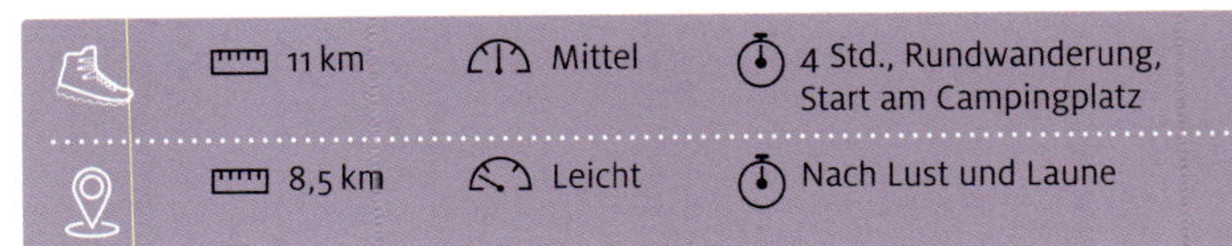

900 Metern liegt, hat man traumhafte Ausblicke auf die bewaldeten Höhenzüge der Region. Auf dem Campingplatz gibt es wenige, von Hecken umgebene Stellplätze und eine Reihe von Chalet-Bungalows. Wohnmobile und Zelte stehen auf leicht geneigtem, teils terrassiertem Gelände mit altem Kastanienbestand. Ein Höhepunkt der Anlage ist das kleine Panoramaschwimmbad mit Tischen des Restaurants und der Bar daneben und mit herrlichem Rundumblick.

Auf dem Campingplatz finden Camper einen Kinderspielplatz, Waschmaschinen, Trockner und andere Angebote. Der historische Bergort Montecreto ist zu Fuß erreichbar. Im nahen Ortszentrum laden Restaurants zum Probieren der regionalen Küche ein. Im Kastanienpark stehen herrliche alte Bäume. Hier wird im Herbst auch das typische Kastanienfest gefeiert. Die meisten Camper zieht es allerdings in die Natur. Im Umfeld des Campingplatzes gibt es zahlreiche ausgezeichnete Wanderwege. Der Cimone Bike-Park zwischen Montecreto, Sestola und Fanano bietet verschiedene Strecken für Mountainbiken und Downhill. Im Bikepass ist die Benutzung von drei Sesselliften inbegriffen, die für den Transport von Mountainbikes ausgestattet sind. Im Winter ist hier ein günstiger Ausgangspunkt für Ausflüge in die Skigebiete am Monte Cimone und Abetone. Der nächste Skilift ist gerade einmal 200 Meter entfernt.

Schattiger Wanderweg an den Hängen des Monte Cimone.

Im Sommer ist die Region um den Monte Cimone ein herrliches Wandergebiet.

OBERHALB VON MONTECRETO

Wunderschöne Kastanienwälder und herrliche Aussichten sind die Höhepunkte dieser mittelschweren Rundwanderung, die am Campingplatz startet. Man verlässt diesen und läuft in Richtung Talstation des Sessellifts. An der Straßenkreuzung hält man sich rechts. Die Nebenstraße wird zum Bergwanderweg SAC T2, und es geht Richtung Süden bergauf. Rechts ist der Monte Cavrile zu sehen. Der Wanderweg SAC T1 ist erreicht und der Untergrund wird steinig. Es geht bergan und an einem Bergsee vorbei nach Osten. Der Weg verlässt den Wald und verläuft weiter über Hochweiden. Nach rund vier Kilometern ist die Schutzhütte am Monte Cervarola erreicht, die sich ideal für eine Pause eignet. Auch der Sessellift endet hier. Herrlich ist die weite Fernsicht über Almen, Berge und Wälder. Der Weg führt auf losem Untergrund geradeaus und wieder in den Wald. Es geht um die Anhöhe Il Canalone herum und nach Norden in Serpentinen bergab. Rechts liegt der Monte Rondinara. Der Weg führt weiter durch den Wald. Oberhalb des Bergdorfs Montecreto führt der Wanderweg SAC T2 nach Osten, bis bei Ruscello die Liebesquelle erreicht ist. Von hier führt ein schöner Wanderweg zurück zum Ort. Am Ortseingang biegen Camper links ab und dann gleich wieder rechts zum Campingplatz. Für die Wanderung ist Trittsicherheit nötig.

»Schön gelegen und umgeben von der bilderbuchhaften Landschaft der Emilia-Romagna«

MÄCHTIGE MAUERN

Nur wenige Minuten oberhalb des Zentrums von Sestola liegt auf einem Felskegel die mächtige, verwunschene Höhenburg, Rocca di Sestola. Die Burggebäude werden als Museum genutzt. Die Ausstellungen reichen von alten Musikinstrumenten bis zum Leben der Bergbevölkerung. Im Inneren der gewaltigen Mauern sind noch Häuser des mittelalterlichen Dorfs erhalten. Vom Turm gibt es eine herrliche Rundumsicht. Der steile Aufstieg erfolgt vom Dorfkern aus und führt über Kopfsteinpflasterwege an alten Bäumen entlang. Im Sommer fährt eine kleine Bahn nach oben. 4000 Jahre wurde die prägnante Stelle oberhalb des Tals von Menschen als Festung genutzt. Die erste Burg ist aus dem 8. Jahrhundert überliefert. Die aktuelle Version mit den mächtigen Mauern stammt aus dem 16. Jahrhundert. Später befanden sich hier ein Gefängnis und eine Schule mit Internat. Die Burg ist im Sommer täglich geöffnet. Sonst gelten eingeschränkte Öffnungszeiten (www.castelliemiliaromagna.it).

In der Burg auf dem Rocca di Sestola ist ein Museum untergebracht.

IBERISCHE HALBINSEL

Die Picos de Europa im Nordwesten von Spanien beeindrucken mit ihren Gebirgsstöcken, markanten Gipfeln und der Garganta Divina. Kataloniens Bergwelt begeistert im Sommer mit herrlichen Wandertouren und im Winter mit beliebten Skigebieten. Die Halbwüste der Bardenas Reales im Südosten von Navarra ist mit ihren bizarren Felsformationen einer Mondlandschaft ähnlich. Und in Portugal faszinieren im Nationalpark Peneda-Gerês die Berge, Lagunen und Wasserfälle.

DIE STRASSE FÜHRT INS DORF MONTGARRI IM TAL VALL D'ARAN IN KATALONIEN.

Noch näher an den Bergen kann man eigentlich nicht mehr stehen.

CAMPING EL REDONDO PICOS DE EUROPA

15

Geeignet für Wohnmobile, Caravans und Zelte, 80 Standplätze
▶ Fuente Dé, km 24, ES–39570 Fuente Dé

Tel. +34 942736699
GPS 43.143, -4.812579

■ pincamp.de/CN_64499

Weiter geht's nicht: In Fuente Dé endet die Straße. Hier gibt es ein paar Häuser, die Talstation der Bergbahn Teleférico de Fuente Dé und – noch eine lang gezogene Kurve auf einspuriger Schotterstraße dahinter – den Campingplatz mitten im Grünen. Es ist ein bisschen eng und sicher nichts für Dickschiffe, die aber auch auf der kurvenreichen Straße von der Küste in die Picos de Europa nicht viel Freude haben dürften. Unverkennbar ist man hier mitten in den Bergen, weg von jedem Trubel. Die Atmosphäre ist entspannt, der Blick atemberaubend, und wer hier Station macht, ist in bester Ausgangslage für Wanderungen, Klettern, Mountainbiken und Reitausflüge im ältesten Nationalpark Spaniens.

El Redondo ist ein familiärer Platz. Das Hauptgebäude aus Stein ist im Sommer kaum zu sehen hinter üppigem Blumenschmuck in Rot, Pink und Violett. Rosen säumen die Terrassen, auf denen Urlauber ihre Zelte aufschlagen können, während Camper unter Bäumen einparken, zwischen die sich auch wunderbar eine Hängematte spannen lässt, um mit Blick auf die Berge zu dösen. Oder doch lieber den Bergblick von der sonnenbeschirmten Terrasse aus genießen und dazu Tapas oder deftige Bergküche genießen. Die Alternative an kühlen oder regnerischen Tagen ist drinnen in der gemütlichen Stube.

1918 wurde er als Nationalpark Covadonga im westlichen Massiv der Picos in den Provinzen Asturien und Léon gegründet. 1995 kamen Teile der Berge von Ándara und Urrieles dazu, ehe der Park 2015 auf die heutige Fläche von 67 455 Hektar erweitert wurde. 2002 wurde der **Parque Nacional de los Picos de Europa** zum Biosphärenreservat erklärt. Nur 15 Kilometer hinter der kantabrischen Küste erheben sich die beeindruckenden Gebirgsstöcke. Etwa 200 Gipfel sind mehr als 2000 Meter hoch. Der wohl berühmteste ist der Naranjo de Bulnes oder Picu Urriellu, ein markanter Monolith aus Kalkstein, der Kletterer von weither lockt. Rennradfahrer quälen sich auf den Spuren der spanischen Radrundfahrt Vuelta über die Bergstraßen. Aber es geht auch gemächlicher.

Mit der Seilbahn hinaufgondeln zur Bergstation El Cable und nach einem ausgiebigen Blick

»Im Frühsommer ist es besonders schön, wenn der blühende Ginster seinen strahlend gelben Teppich über die Hänge legt.«

über die umliegenden Gipfel über die Höhen streifen. Im Frühsommer ist es besonders schön, wenn der blühende Ginster seinen strahlend gelben Teppich über die Hänge legt. Glockenklang kommt hier nicht von Kühen, sondern von den Pferden, die im Sommer auf den Bergweiden grasen. Was man nicht sieht: Das Kalksteingebirge ist durchzogen von etwa 300 Höhlen. Einige auch in der Gegend von Fuente Dé.

GARGANTA DIVINA, DIE GÖTTLICHE SCHLUCHT

Ihren Namen hat die Garganta Divina, die göttliche Schlucht, nicht von ungefähr. Tief hat sich der Cares in die felsigen Bergflanken gegraben, die sich teilweise mehr als 2000 Meter über dem Grund der imposanten Klamm erheben. Wo es nötig war, haben auch Ingenieure mitgeholfen, um ausreichend Flusswasser zum Wasserkraftwerk von Poncebos zu leiten. An klaren Tagen

Eng stehen die Felswände beisammen in der Garganta Divina, der göttlichen Schlucht.

kann man von Poncebos aus den Gipfel des Naranjo de Bulnes sehen, dessen mehr als 500 Meter hohen senkrechten Wände eines der beliebtesten Klettergebiete Spaniens sind. Bis Los Collados führt der Weg zunächst bergauf, im weiteren Streckenverlauf geht es immer wieder bergauf und bergab. Zwischen Bergflanken und Fluss drückt sich der Weg atemberaubend an den Hang. Immer wieder geht es durch Tunnel im Fels und über Brücken auf die andere Schluchtseite. Etwa über die Brücke Martínez an der Grenze zwischen Kastilien-León und Asturien, an der Brücke Bolín oder der Rebecos-Brücke, von der aus der Blick über den Fluss besonders spektakulär ist.

Besonders eindrucksvoll ist die Tour im Frühling, wenn Schmelzwasser aus den Bergen die Wasserfälle anschwellen lässt. Oder im Herbst, wenn es ruhig wird auf dem Weg, der sich wahlweise auch noch verlängern lässt bis nach Posada de Valdeón (21 km einfach) oder zu einer mehrtägigen Trekkingtour (www.spain.info/de/wanderrouten/ruta-del-cares-wandern-spanien).

Der imposante Torre del Infantado wurde im 15. Jahrhundert erbaut und ist heute ein Museum.

EIN TURM VOLLER GESCHICHTE

Potes, den Hauptort der Liébana, überragt der Torre del Infantado, ein imposanter Klotz, der einst als Wohnturm einer adeligen Familie deren Wohlstand zeigen sollte. Im 15. Jahrhundert als Palast am Zusammenfluss von Deva and Quiviesa erbaut, hat er eine wechselvolle Geschichte hinter sich, war später Gefängnis und Rathaus. Bis er 2011 nach einer kompletten Renovierung zu einem modernen Museumsgebäude wurde. Auf sechs Etagen gibt es permanente und wechselnde Ausstellungen. Besonders berühmt sind die handschriftlich illustrierten Kommentare von Bruder Beatus von Liébana zur Apokalypse, die als Meisterwerke spanischer Buchmalerei gelten. Egal für welche Abteilung man sich besonders erwärmt, der Weg ganz nach oben wird mit einer besonderen Aussicht auf die Stadt, das Kloster Santo Toribio de Liébana und dahinter die Picos de Europa belohnt (https://centros.culturadecantabria.com/tower-of-infantado).

BILDERBUCHLANDSCHAFT

Es ist einfach nur schön. Glitzernde Gletscherseen eingebettet in saftige Almwiesen und einen Kranz von Bergen drumherum. Die Luft ist klar und frisch. Der Klang der Glocken der karamellbraunen Kühe, die hier mit ihren Kälbern grasen, gibt eine sanfte Hintergrundmusik. Ernol und Ercina heißen die beiden kleinen Seen, um die ein einfacher, fünf Kilometer langer Wanderweg führt. Alternativ gibt es auch weitere

Touren. Etwa mit einem Abstecher zum Aussichtspunkt Entrelagos und zur Bricial-Aue, wo in Zeiten starker Niederschläge noch eine dritte Wasserfläche entsteht. Lohnenswert ist ein Abstecher von den Seen zur Heiligen Höhle von Covadonga. Ein rundum gelungener Ausflug – egal, ob man einfach nur die spektakuläre Lage unter einem Felsvorsprung bestaunt, die Wallfahrtsstätte besucht oder der spanischen Geschichte nachspüren möchte. Schließlich soll von hier aus König Pelayo die Reconquista, die Vertreibung der Mauren, begonnen haben (www.spain.info/de/spanien-entdecken/seen-covadonga-asturien-praktische-hinweise).

AUSFLÜGE IN DER NÄHE auf einen Blick

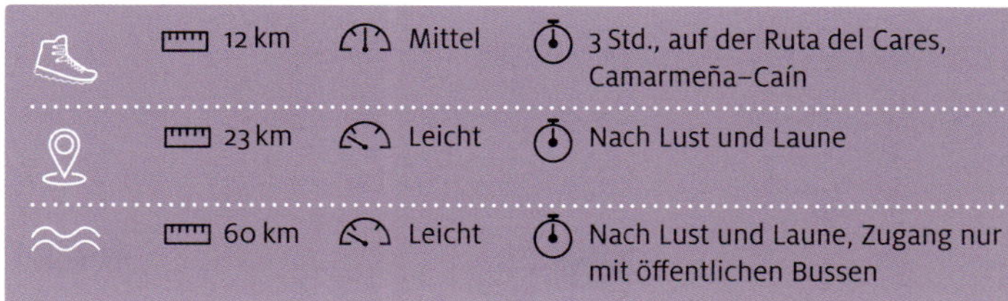

	Strecke	Schwierigkeit	Dauer
Wandern	12 km	Mittel	3 Std., auf der Ruta del Cares, Camarmeña–Caín
Ort	23 km	Leicht	Nach Lust und Laune
Wasser	60 km	Leicht	Nach Lust und Laune, Zugang nur mit öffentlichen Bussen

Blick vom Aussichtspunkt von Entrelagos zu den Seen von Covadonga im Parque Nacional de los Picos de Europa

Das Camping Resort Aigüestortes bietet alle Annehmlichkeiten für einen entspannten Aufenthalt.

AIGÜESTORTES CAMPING RESORT 

★★★☆☆

Geeignet für Wohnmobile, Caravans und Zelte, 127 Standplätze
Anf. Juni–Ende Sept.
▸ Carretera C 13, ES-25580 Esterri d'Àneu
Tel. +34 973626263
GPS 42.614722, 1.124167
■ pincamp.de/CT9220

Entspannte Ruhe: Schon bei der Anreise wird unmissverständlich klar, dass hier viel sportliches Publikum unterwegs ist. Bergführerschulen, Bikeshops und Sportgeschäfte prägen das Bild. Auf den Auto- und Camperdächern sind, je nach Jahreszeit, Kajaks oder Wintersportgeräte fast obligatorisch. Und immer wieder Anhänger mit Raftingbooten. Vor allem der Noguera Pallaresa gilt als einer der besten Flüsse in Europa, wenn es um Rafting, Wildwassertouren und Canyoning geht. Gemächlicher geht es auf dem Torrassa-See zu, wo Familien über den glitzernden Bergsee paddeln, der auch mit dem SUP traumhaft zu erkunden ist. Wandern, Wintersport, Radfahren oder einfach nur eine sehr imposante Gebirgslandschaft genießen und ihre geschichtsträchtigen Orte erkunden. Das Camping Resort Aigüestortes ein idealer Standort dafür.

Es ist ein ruhiger, unaufgeregter Ort mit geräumigen Stellplätzen unter alten Bäumen, Schwimmbad und Grillplatz und praktischen Annehmlichkeiten wie den Mietkühlschränken, die insbesondere Zelturlauber zu schätzen wissen. Einige Bungalows

AUSFLÜGE IN DER NÄHE auf einen Blick

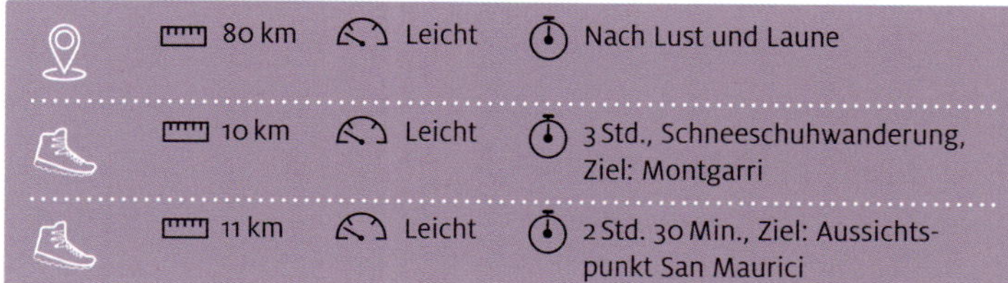

	Strecke	Schwierigkeit	Dauer
Ort	80 km	Leicht	Nach Lust und Laune
Wanderung	10 km	Leicht	3 Std., Schneeschuhwanderung, Ziel: Montgarri
Wanderung	11 km	Leicht	2 Std. 30 Min., Ziel: Aussichtspunkt San Maurici

und rustikale Ferienwohnungen ergänzen das Angebot.

Dreh- und Angelpunkt auf dem Platz ist die Rezeption, wo Gästen nicht nur bei allen Fragen zum Camping geholfen wird. Hier gibt es Tipps, wie man Kataloniens einzigen Nationalpark erkunden kann, den vor allem seine mehr als 200 Bergseen und kleinen Flüsse auszeichnen. Und dazu die Lage inmitten einer Reihe von Skigebieten wie Baqueira-Beret-Bonaigua oder Ski Pallars, die mit ihrer besonderen Kombination von Wintersport und südlicher Lebensart auch Alpenbewohner überzeugen können. Im Frühsommer breiten sich blühende Almrauschwiesen über die Hänge aus, während es in manchen schattigen Felsscharten auch im Hochsommer noch Schnee gibt. Während die Skistationen etwa 20 Autominuten entfernt sind, beginnen direkt am Platz etliche Wanderungen und Radtouren, die größtenteils auch für Familien mit Kindern geeignet sind. Wobei es im Hochsommer schwierig werden dürfte, den Nachwuchs vom Platz zu bekommen. Dann nämlich gibt es ein umfangreiches Angebot an Aktivitäten im Resort.

Egal zu welcher Jahreszeit: unbedingt nachts den Blick nach oben richten. Der **Nationalpark Aigüestortes i Estany de Sant Maurici** ist auch eines von 30 spanischen Lichtschutzgebieten, in denen man fernab von Lichtverschmutzung auch ohne astronomische Kenntnisse mächtig beeindruckt ist von Sternenhimmel und Milchstraße.

grandiose Bergwelt rund um den Campingplatz lädt dazu ein, die Region zu erkunden.

LEBENDIGE VERGANGENHEIT

Am südwestlichen Eingang zum Parc Nacional d'Aigüestortes i Estany de Sant Maurici liegt mit dem Vall de Boí ein besonderes Tal. Ein wenig scheint die Zeit hier stehengeblieben zu sein. Alle Hektik weit weg, hinter den Bergen, die die grünen Täler säumen. Steinhäuser ducken sich unter graue Schieferdächer. Geranien schmücken Balkone aus Holz, und es ist ein Vergnügen, durch die engen Gassen der acht kleinen Dörfer im Tal zu spazieren, die vor allem wegen ihrer romanischen Kirchen berühmt sind. Die erste steht in Liesp, kurz hinter Pont de Suert. Die mit dem schönsten Glockenturm ist in Eril-la-Val, während die kunsthistorisch interessantesten Beispiele katalanischer Romanik aus dem 12. Jahrhundert mit Sant Climent und Santa Maria in Taüll zu besichtigen sind.

Das Vall de Boí, das wegen seines romanischen Erbes 2000 zum Weltkulturerbe der UNESCO ernannt wurde, ist aber auch bekannt für seine Thermalbäder. 37 Quellen sprudeln hier aus der Tiefe und werden für medizinische Anwendungen und Wellness genutzt. So wie es hier schon zu Zeiten der Römer war (www.vallboi.cat, www.centreromanic.com).

Die romanische Sant Climent de Taüll im La Vall De Boí wurde im 11./12. Jahrhundert erbaut.

Wandern rund um Montgarri und danach eine kleine Pause in der Sonne – herrliches Katalonien

»Auch ohne astronomische Kenntnisse ist man hier beeindruckt vom Sternenhimmel und der Milchstraße.«

GRENZGÄNGER

Am Ende trifft sich alles am offenen Feuer der Hütte Amics de Montgarri, wo man Eintopf löffelt und heißen Punsch trinkt und darüber plaudert, auf welche Art man an diesen besonderen Ort im spanisch-französischen Grenzgebiet gelangt ist. Montgarri mit seiner Kirche Madre de Dieu de Montgarri geht auf eine Einsiedelei aus dem 12. Jahrhundert zurück. Später kamen die trutzige Schutzhütte, Mauern und Stallungen dazu, um auf dem beschwerlichen Weg über die Pyrenäen hier die Pferde zu tränken und Pause zu machen. Gerade im Winter lässt es sich erahnen, wie abgelegen Montgarri einst war. Heute ist es – nicht von ungefähr – ein reizvolles Ziel für Schneeschuhwanderungen und Ausflüge mit dem Hundeschlitten. Der abwechslungsreiche Weg führt über kupierte Bergwiesen und durch Waldstücke. Ski und Snowboards an der Hauswand lassen erahnen, dass die Einsiedelei auch ein begehrtes Ziel für Tourengeher ist, die sich drinnen nach dem Aufwärmen über die besten Routen und schönsten Hänge in der Umgebung austauschen.

AUSSICHTSREICH

Wenn Ende Mai alle Wege schneefrei sind, führt eine schöne Tour von Estany de Sant Maurici über die Wasserfälle Cascada de Ratera und Estany de Ratera zum Aussichtspunkt von San Maurici, der einen schönen Überblick über die Gebirgslandschaft gibt.

Wer ohne Camper oder Zelt anreist, kann sich einen der gut ausgestatteten Bungalows mieten.

CAMPING BARDENAS 

Geeignet für Wohnmobile, Caravans und Zelte, 400 Standplätze
Anf. Feb.–Ende Nov.
▶ Ctra. NA-660 PK 13.4, ES–31330 Villafranca

Tel. +34 948846191
GPS 42.26344, -1.73892

■ pincamp.de/Pin_236259

Typisch Spanien? »Wir stehen mitten in einer Wüste. Kaum zu glauben, dass man sich hier im Norden von Spanien im Baskenland befindet«, sagt Anna und schaut staunend um sich. Das **Biosphärenreservat Bardenas Reales** ist wirklich einzigartig. Die von Wasser, Wind und Sonne über mehrere Millionen Jahre geformte Landschaft im Teil Bardena Blanca erinnert an eine Mondlandschaft und die bekannten Wüsten in Amerika. Es sind die Ablagerungen eines urzeitlichen Meeres. Helle Ockerfarben, Lehm, Gips und Ton dominieren. Dazu kommen bizarr geformte Tafelberge, kleine Schluchten und ausgetrocknete Flussbetten. Manche Stellen werden landwirtschaftlich genutzt. Früher lebten Hirten hier mit ihren Herden. Dann übernahm das Militär das Gelände für Luft- und Schießübungen. Wahrzeichen des Parks ist der Monolith Castil de Tierra, ein mit einer Felsplatte gekrönter Kegel. Daneben gibt es einen Parkplatz und einen Aussichtspunkt. Der Teil Bardena Negra ist geprägt von Grün und den dort wachsenden Aleppo-Kiefern. Rund 700 Kilometer lang ist ein Netz von Rad- und Wanderwegen, auf denen man den Naturpark entdecken kann. Gran Bardena heißt ein fast 70 Kilometer langer Wanderweg quer hindurch. Immer wieder dient die eindrückliche Landschaft als Kulisse für Kinofilme. Unter anderem wurden hier Teile von »Game of Thrones« gedreht. Aber auch 20 seltene Vogelarten wie Schmutz- und Gänsegeier lassen sich hier beobachten, oft mit bloßem Auge.

Einzige Zufahrten in den Naturpark sind beim Örtchen Arguedas im Süden, wo sich auch das Informationszentrum befindet, und bei El Paso im Norden. Der Zugang ist kostenfrei und von 8 Uhr morgens bis eine Stunde vor Sonnenuntergang erlaubt. Die Halbwüste kann auf beschilderten Schotterpisten erkundet werden, die nicht verlassen werden dürfen. Fahrtrichtung ist im Uhrzeigersinn. Dabei geht es um das von der spanischen Luftwaffe genutzte Militärgelände herum. Die Rundfahrt ist auch mit einem normalen Pkw oder Camper möglich, die dabei allerdings ordentlich durchgeschüttelt werden. Ein Allradfahrzeug ist nicht notwendig. Beste Zeit für einen Besuch in der Halbwüste ist am frühen Morgen. Dann ist es noch nicht so voll und das Licht magisch.

Der kleine Camping Bardenas ist einer der wenigen Campingplätze in der Region und idealer Ausgangspunkt für den Besuch. Er befindet sich inmitten von landwirtschaftlich genutzten Flächen und in der Nähe eines Flusses. Das nächste Dorf ist zu Fuß erreichbar. Dabei kommt man an mehreren Firmen und einem Fabrikverkauf vorbei. Auch Durchreisende nutzen den Platz gerne, denn die Verkehrsanbindung ist gut. Der Naturpark liegt nicht weit weg. Wegen der vorgeschriebenen Zufahrt über Arguedas dauert die Anfahrt rund 20 bis 30 Minuten. Es gibt Stellplätze für Zelte, Wohnmobile und Wohnwagen. Kleine Bäume spenden etwas Schatten. Dazu kommen gut ausgestattete Bungalows und Mobilheime. Gäste nutzen gerne das gepflegte Schwimmbad und den Grillplatz. Es gibt einen kleinen Laden und einen Kinderspielplatz. Das Restaurant vor dem Platz ist auch bei Einheimischen beliebt.

SPEKTAKULÄRE MONDLANDSCHAFT

Schon einmal auf dem Mond gewesen? Keine Sorge, hier gelingt das auch ohne Raumanzug. Auf diesem nicht zu schweren Rundweg hat man herrliche Ausblicke auf typische Formationen des Naturparks: Tafelberge, Sanddünen und Wellen. Mit etwas Glück lassen sich Geier beobachten. Start der Rundwanderung in den Bardenas Reales ist an einem Parkplatz. Dieser befindet sich auf der Rückseite des Militärgebiets, kurz nach der Abzweigung von der Hauptpiste in Richtung nördlichem Eingang. Über einen Wanderweg (SAC T1) und schadhafte, abgerutschte Betonstufen wird

In Jahrmillionen haben Wind und Regen die Landschaft der Bardenas Reales geformt.

nach etwa zwei Kilometern der erste Aussichtspunkt bei einer verfallenen Schutzhütte erreicht. Von hier aus hat man einen magischen Rundumblick auf die bizarre Landschaft der Bardena Blanca. Nur 800 Meter weiter hinauf befindet sich das nächste Ziel, der Cabezo de Piskerra. Eine Abzweigung führt zu einem weiteren Aussichtspunkt mit spektakulären Eindrücken. Dann folgt man dem Wanderweg im Rund weiter. Langsam geht es wieder nach unten. Der Weg erreicht die Straße. Auf dieser kommt man zurück zum Parkplatz.

WOHNEN UNTER DER ERDE

Auf dem Weg zu einer Rundfahrt durch den Naturpark sollte man hier einen Stopp einlegen, denn man kommt fast an dieser außergewöhnlichen Sehenswürdigkeit vorbei. Die Höhlenwohnungen von Arguedas (Cuevas) liegen am Rand des kleinen Orts oberhalb eines Wohnmobilstellplatzes. Sie wurden in den weichen Felsen der Steilwand hineingeschlagen und sind frei

»Die von Wasser, Wind und Sonne über mehrere Millionen Jahre geformte Region Bardena Blanca erinnert an eine Mondlandschaft.«

zugänglich. Informationstafeln berichten über die ehemaligen Bewohner. Im Sommer und im Winter liegt die Temperatur im Inneren bei rund 18 °C. Wie alt die Höhlenwohnungen sind, ist unbekannt. Die letzten wurden bis in die 1960er-Jahre bewohnt. Einige der Höhlenwohnungen machen den Eindruck, als wären die Bewohner gerade erst ausgezogen. Türen und Fenster sind noch teilweise erhalten. Boden, Decke und Wände sind verputzt und rot, blau oder weiß gestrichen. Auf dem Herd stehen Töpfe, in der Feuerstelle ist noch Asche und auch das Wasserfass sieht aus, als würde es gleich jemand benutzen. Auch wenn es idyllisch wirkt, leicht war das Leben hier bestimmt nicht. Andere der zwei bis vier Zimmer großen Höhlen sind verfallen. Schilder warnen vor dem Betreten. Ein befestigter Weg führt vom Parkplatz zu den besterhaltenen Wohnungen. Zu anderen geht es weiter über sandige Pfade. Nachts sind die Höhlen farbig beleuchtet.

AUSFLÜGE IN DER NÄHE auf einen Blick

	Strecke	Schwierigkeit	Dauer
Wandern	5,4 km	Mittel	1 Std. 30 Min., 30 km vom Campingplatz entfernt
Ziel	17 km	Leicht	1 Std.

Bizarre Felsformen sind durch den Verwitterungsprozess entstanden.

Die Höhlenwohnungen von Arguedas scheinen bereit für den nächsten Mieter.

Auf dem Camping Lima Escape steht das Wohnmobil im angenehmen Halbschatten.

CAMPING LIMA ESCAPE

Geeignet für Wohnmobile, Caravans und Zelte, 105 Standplätze
Anf. Jan.–Mitte Nov., Ende Nov.–Ende Dez.
▶ Lugar de Igreja, PT-4980-312 Entre Ambos-os-Rios

Tel. +351 258588361
GPS 41.823778, -8.317316

■ pincamp.de/PG1120

Von Wasser und Bergen geprägt: Der einzige **Nationalpark** Portugals **Peneda-Gerês** befindet sich im Norden des Landes direkt an der spanischen Grenze. Er wurde von der UNESCO als Biosphärenreservat anerkannt. Berge, Wälder und viel Wasser gestalten eine einmalige Landschaft. Unter Schutz stehen seltene Pflanzen und Tiere. Meterhohe Farne bilden regelrechte Wälder. Eiben und Birken wachsen in den Tälern. Auf den Höhen dominieren Wacholder, Heide und Ginster. Typisch ist die Gerês-Lilie in tiefem Blau-Lila. Bergziegen, Goldadler und Wölfe sind im Nationalpark heimisch. Dazu kommt ein Fokus auf Kultur und sanften Tourismus. Steinzeitreste und Spuren der Römer sind erhalten. Dazu bilden Stauseen, Wasserfälle und Lagunen beliebte Ausflugsziele. Auf einem Netz aus gut ausgezeichneten Wanderwegen erreicht man Sehenswürdigkeiten, Aussichtspunkte und verträumte Dörfer. Beliebt ist auch Wassersport auf den Seen und Flüssen des Nationalparks.

Der schön gelegene und naturnahe Camping Lima Escape befindet sich mitten im Nationalpark Peneca-Gerês beim Ort Entre Ambos-os-Rios.

AUSFLÜGE IN DER NÄHE auf einen Blick

Wandern	16 km	Mittel	5 Std., Rundtour ab Campingplatz
Ausflug	15 km	Leicht	Nach Lust und Laune

Wohnmobile, Wohnwagen und Zelte stehen auf einer Halbinsel zwischen zwei Seitenarmen des Río Lima im hochstämmigen Pinienwald. Das Gelände ist naturbelassen und leicht terrassiert. Bis zum Fluss Lima reichen die Parzellen für Zeltcamper unter Eichen und Kiefern. Dazu kommen romantische Glamping-Zelte mit Terrassen und moderne Holzhütten, die regelrecht am Hang schweben. Verschiedene Stellen bieten herrliche Ausblicke aufs Wasser. Durch Bäume ist allerdings das Rangieren mit langen Wohnwagen und Wohnmobilen etwas schwierig. Die Infrastruktur für Camper ist gut. Es gibt einen Minimarkt, eine Ver- und Entsorgung für Wohnmobile und Waschmaschinen. Eine Bar bietet Frühstück, Mittagessen und Abendessen an. Für Abwechslung sorgen Schwimmbad, Beachvolleyballfeld und ein Sportprogramm.

Der Campingplatz ist aber vor allem ein guter Ausgangspunkt für die Erkundung des Nationalparks. In der Nähe führen Wanderwege zu schönen Aussichten, Wasserfällen und Lagunen. An der Rezeption gibt es vielfältige Informationen dazu. Ein Erlebnis sind auch die Fahrten auf dem Wasser mit SUPs und Kajaks, die man auf dem Platz mieten kann. Andere Camper sind begeistert von den angebotenen Jeepsafaris und geführten Ausritten durch den Nationalpark.

BERGE UND MAGISCHE LAGUNEN

Herrliche Aussichten, ein Flusslauf, historische Bergdörfer und mehrere Lagunen mit Wasserfällen prägen diese Rundwanderung, die direkt vom Campingplatz startet. Dazu biegt man an der Zufahrt links ab. Der Weg führt entlang der Straße leicht bergauf und passiert den Fluss Froufe. Nach etwa 800 Metern biegen Wanderer rechts ab und folgen dem Weg oberhalb des Flusses in Richtung Osten. An der nächsten Kreuzung findet man rechts den Abzweig zum Poço do Froufe. Die Lagune ist ideal für eine Abkühlung. Danach wandert man parallel zum Fluss weiter, der schließlich an einer Kehre überquert wird. Nun geht es stetig bergauf in Richtung Ermida. An der Kreuzung vor dem Ort nehmen Wanderer den Weg nach rechts und gehen weiter zum angelegten Aussichtspunkt. Der Ausblick auf

Blick auf die Wasserfälle bei den sieben Lagunen im Nationalpark Peneda-Gerês

die Berge und das Bergdorf ist herrlich. Danach geht es wieder stetig bergab. Der Weg schlängelt sich langsam nach Süden, bis der Wasserfall Poço Negro erreicht ist, der 10 Meter tief über die Felsen hinabfällt. Es ist eine wunderbare Stelle mit einem natürlichen Pool. Der Abstieg zum klaren Wasser ist allerdings nicht einfach. Von hier folgen Wanderer dem Weg weiter zurück nach Westen. Der Poço da Carcerelha bietet noch einmal die Möglichkeit zur Erfrischung. Die Gumpen sind durch kleine Wasserfälle miteinander verbunden. Der Weg passiert nach einem kurzen Stück das historische Dorf Lourido. Hier steht die Capela de São Tomé. Ein kleines Café bietet die Möglichkeit zur Pause und sehr gutes Essen. Kurz danach liegt der Río Froufe wieder auf der rechten Seite des Wanderwegs. An der nächsten Wegkreuzung halten sich Wanderer rechts. Kurz danach ist das Dorf Froufe erreicht. An der dritten Kreuzung geht es geradeaus in die Rua da Devesa, bis die Straße erreicht ist, die nach Entre Ambos-os-Rios mit der sehenswerten Kirche São Miguel und dann weiter zurück zum Campingplatz führt.

Am Wasserfall Poço Negro liegt eine wunderb Stelle, um sich abzukühlen.

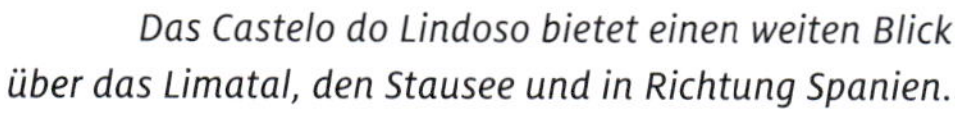

Das Castelo do Lindoso bietet einen weiten Blick über das Limatal, den Stausee und in Richtung Spanien.

»Auf einem Netz aus gut ausgezeichneten Wanderwegen erreicht man Sehenswürdigkeiten, Aussichtspunkte und verträumte Dörfer.«

BURG, BLICK UND SPEICHERPLATZ

Schon die Anfahrt in das historische Bergdorf Lindoso bietet Ausblicke auf die schöne Landschaft des Nationalparks. Es liegt oberhalb des gleichnamigen Stausees und ganz nahe zur spanischen Grenze. Daher stammt wohl auch der Name. Hier befindet sich einer der Eintrittspunkte in den Nationalpark mit Informationszentrum. Über dem malerischen Ort thront eine trutzige Burg – das Castelo do Lindoso. Die gab es bereits im 13. Jahrhundert, und sie wurde danach weiter um- und ausgebaut. Die aktuelle Form mit Schildhäusern stammt aus dem 17. Jahrhundert. Durch die Lage spielte Lindoso mit der Befestigung schon früh eine wichtige Rolle in der Verteidigung der Region. Immer mal wieder gehörte der kleine Ort zu Portugal und dann wieder zu Spanien. Von der Burg aus hat man einen herrlichen Blick über das Limatal, den Stausee und in Richtung Spanien. Eine Ausstellung befasst sich mit Militärgeschichte und dem Leben der Menschen in der Region. Außergewöhnlich sind die über 50 Getreidespeicher aus grauem Granit, die auf Steinsäulen auf dem felsigen Hang unterhalb der Burg stehen. Sie stammen aus dem 17. und 18. Jahrhundert und haben verschiedene Formen und Größen. In den für Galicien und Nordportugal typischen Hórreos (Espigueiros) wurde Mais und Getreide gelagert und vor Nagetieren geschützt.

DIE BERGWELT SLOWENIENS IST EINE HERRLICHE KULISSE
FÜR EINE PAUSE AUF DER FAHRT NACH LOG POD MANGARTOM.

ZENTRAL-, OST- UND SÜDOSTEUROPA

CAMPINGPLÄTZE IN ZENTRAL-, OST- UND SÜDOST-EUROPA

WEITERE TOLLE PLÄTZE AUF PINCAMP.DE!

ZENTRAL- UND OSTEUROPA

Traumhafte Wege in umwerfender Natur

⑲ Masurischer Landschaftspark: Mazur Syrenka → S. 97

⑳ Nationalpark Riesengebirge: Euro Air Camp → S. 100

㉑ Nationalpark Niedere Tatra: Kemping Bystrina → S. 103

㉒ Hortobágy-Nationalpark: Dieter's Camping Tiszafüred → S. 107

WESTBALKAN

Verwunschene Wälder und eindrucksvolle Seenlandschaften

㉓ Triglav-Nationalpark: Camp Bohinj → S. 111

㉔ Naturpark Žumberak-Samoborsko Gorje: Etno kuća pod Okićem → S. 114

㉕ Naturpark Velebit: Camp Rizvan City → S. 117

㉖ Una-Nationalpark: Camp BUK → S. 121

㉗ Nationalpark Skutarisee: Camp Podkraj → S. 124

SÜDOSTEUROPA

Historische Streifzüge und grandiose Aussichten

㉘ Nationalpark Donaudelta: Camping Lac Murighiol → S. 129

㉙ Nationalpark Parnassos: Camping Apollon → S. 132

Zeichenerklärungen
für die Ausflüge → S. 190

ZENTRALEUROPA

Weite Wälder und tiefe Seen charakterisieren die Masurische Seenplatte wohl am besten. Es reizt, diese herrliche Landschaft vom Wasser aus zu erkunden. Im Riesengebirge ist es verlockend, sich auf Rübezahls Spuren zu begeben und dabei die herrliche Bergwelt kennenzulernen. Die Niedere Tatra in der Slowakei bietet noch Wanderwege, die kaum jemand kennt und eine atemberaubende Tropfsteinhöhle. Und in Ungarn wird das Bild der Puszta lebendig – karge Weite mit Schafen und Pferden.

DIE MASURISCHE SEENPLATTE IST EIN EINMALIGES FREIZEITGEBIET.

Auf den wenigen Stellplätzen auf dem Campingplatz Mazur Syrenka ist man ganz unter sich.

19 MAZUR SYRENKA

Geeignet für Wohnmobile und Caravans, 30 Standplätze
Anf. April–Ende Okt.
▶ Krutyń 14, PL–11-710 Piecki
Tel. +48 897421836
GPS 53.689725, 21.428144
■ pincamp.de/Pin_234240

Die grüne Lunge Europas: Die Masuren werden oft mit dem Amazonas verglichen. Ganz so exotisch sind sie freilich nicht, aber ein wahres Wasserparadies. Immerhin mehr als 3000 Seen gibt es dort, viele verbunden durch Flüsse und Kanäle, die zum Paddeln einladen. Es gibt eine Menge zu entdecken, und vor allem eines ist besonders schön in der Masurischen Seenplatte: Diese wunderbaren Sonnenuntergänge, die das viele Wasser gleich doppelt schön zaubert.

Aus der Luft betrachtet wäre wohl alles grün mit vielen blauen Farbtupfern: Dichte Wälder sind typisch für den **Masurischen Landschaftspark**. Fichten, Koniferen und Kiefern soweit das Auge reicht, sind einer der Gründe, die die Gegend so anziehend machen. Sie ist auch Heimat von Wisenten, Hirschen und Rehen. Wildschweine ziehen durchs knackende Unterholz und auch Wolf und

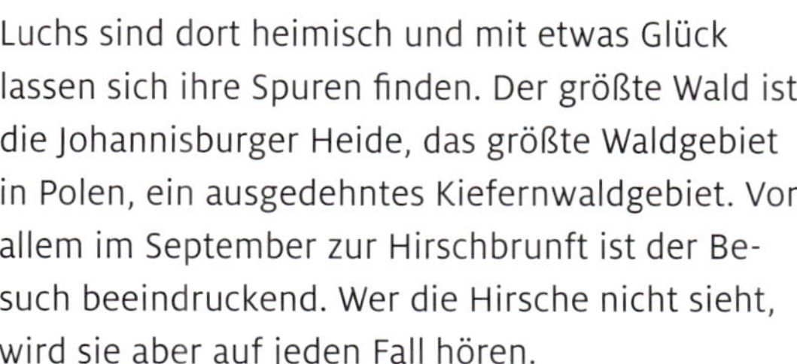

Luchs sind dort heimisch und mit etwas Glück lassen sich ihre Spuren finden. Der größte Wald ist die Johannisburger Heide, das größte Waldgebiet in Polen, ein ausgedehntes Kiefernwaldgebiet. Vor allem im September zur Hirschbrunft ist der Besuch beeindruckend. Wer die Hirsche nicht sieht, wird sie aber auf jeden Fall hören.

Ob im Herbst oder Frühjahr, die Wälder sorgen für eine einmalige Luft, so würzig und rein. Ein

AUSFLÜGE IN DER NÄHE auf einen Blick

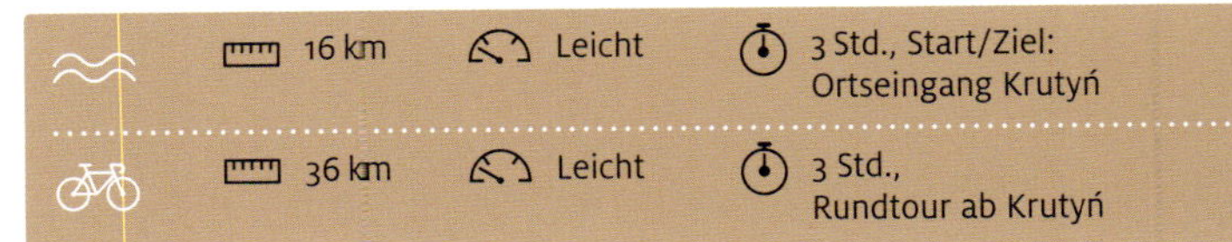

dichtes Wegenetz lädt zum Wandern ein, doch irgendwie bleibt niemand lange im Wald. Jeder Weg führt irgendwann ans Wasser und wie wohltuend ist es doch, dort den Blick schweifen zu lassen und einfach mal die Ruhe zu genießen. Vielleicht eine Tour mit dem Ruderboot oder sich aufs SUP schwingen?

Wer in den Masuren unterwegs ist, der sollte auf jeden Fall eines immer im Gepäck haben: Mückenspray. Denn die vielen stehenden Gewässer sind ideal für Mücken. Wo viele Mücken sind, finden sich auch immer viele Vögel, denn sie ernähren sich von den Larven. Und so ist es kein Wunder, dass Störche zu den zahlreichen Einwohnern der Sumpf- und Seenlandschaft gehören, ebenso wie Graureiher und Seeadler.

Masuren war früher Teil der preußischen Provinz Ostpreußen. Immer wieder werden Besucher auch auf die Vergangenheit treffen.

Der von Wäldern umrahmte Campingplatz Mazur Syrenka im beschaulichen Dorf Krutyń bietet nur wenige Standplätze für Wohnmobile und Caravans an. Alternativ gibt es einen Ferienkomplex mit Zimmern. Der Platz ist gut ausgestattet, eine Badegegenheit im Fluss ist nicht weit entfernt und bietet als Besonderheit eine Fasssauna, die nach einer langen Wanderung eine wahre Wohltat ist. Die Betreiber sind sehr hilfsbereit und sprechen Deutsch. Nahe des Campingplatzes liegt die Stadt Pisz, in der es sich gut bummeln lässt. Und ein wenig weiter liegt der Śniardwy, an dessen Ufer sich Gäste fast fühlen wie am Meer.

Herrliche Wanderwege führen durch die Wälder des Masurischen Landschaftsparks.

PADDELN UND LAUSCHEN

Der Campingplatz befindet sich mitten in einem Kanuparadies. Selbst wer nicht paddelt wird angesteckt von diesem Kribbeln und dem Wunsch, diese schöne Landschaft unbedingt vom Wasser aus erkunden zu wollen. Krutyń gilt eben als Paddeleldorado des Landes, und überall lassen sich Kanus mieten und Touren buchen. Ob Einsteiger oder Profi, hier findet jeder die geeignete Strecke. Eine schöne Tour startet am Ortseingang und folgt einfach dem Lauf der Krutynia. Vorbei geht es an Mühlen, durch Felder und Wälder. Manchmal muss man aussteigen und das Kanu tragen, aber das macht ja bei dem Leichtgewicht nichts. Durch einen kleinen Fluss geht es dann zum See Jezioro Duś. Vorher aber noch ein wenig innehalten und das Treiben im Schilf beobachten,

Paddeln und dabei die Landschaft genießen.

Libellen und Enten tummeln sich dort. Einfach mal die Paddel ruhen und sich treiben lassen und lauschen. Besonders schön ist es dann auf dem See Jezioro Duś. Wer ihn überquert hat, erreicht am Ende ein schönes Kloster. Einkehrmöglichkeiten liegen auf der Strecke.

»Weite Blicke, tiefe Wälder, große Seen: ein Paradies für Radfahrer und Kanuten.«

SEENRUNDE

Einst war es eine Jägersiedlung, heute ist es ein beliebtes Ferienziel: Krutyń lädt nicht nur zum Paddeln ein, sondern ist auch der ideale Ausgangspunkt für Radtouren. Also rauf aufs Rad oder schnell eines leihen. Das ist überhaupt kein Problem vor Ort, sogar E-Bikes lassen sich mieten. Und dann aber los, ab in die Weite. Der schattigschöne Wald Johannisburger Heide gehört ebenso zur Strecke wie viele kleine Seen und Flüsse. Gleich zu Anfang wird es malerisch, wenn das Rad auf Krutyński Piecek zusteuert. Kleine Flüsse, auf denen garantiert irgendjemand gerade paddelt, gebogene Holzbrücken und Bäume, deren Äste über das Wasser ragen, machen den Ausblick einmalig. Weiter geht es dann über Rosocha und Wojnowo nach Wolka. Hübsche bunte Steinhäuser liegen am Weg, kleine Kirchen und einige Galerien, in denen sich ein kurzer Stopp lohnt. Das Rad steuert auf Ruciane-Nida zu und dann auf Guzianka. Dort peilt der Radfahrer Wygryny an und genießt die wunderschönen Ausblicke auf Hafen und See, bevor er weiter Kurs auf Iznota nimmt. Von dort aus führt die Route westwärts zum Ausgangsort zurück.

Das Euro Air Camp ist ein perfekter Ausgangspunkt für Wanderungen.

EURO AIR CAMP 

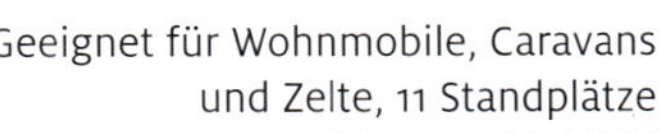

★★★★

Geeignet für Wohnmobile, Caravans und Zelte, 11 Standplätze
▸ CZ–54311 Vrchlabí

Tel. +420 603235743
GPS 50.624066, 15.640566

■ pincamp.de/CZ_5560

Märchenhaft: Allein wie der Name Riesengebirge schon klingt. Das höchste Gebirge Tschechiens ist Heimat vieler Sagen und Mythen. Am bekanntesten aber ist die Geschichte von Rübezahl, der in den Bergen seinen Wohnort haben soll. Die Landschaft, gekrönt vom Berg Schneekoppe, ist aber auch ohne den Berggeist einfach bezaubernd. Schon Goethe ist dort gern gewandert.

Auf Tschechisch klingt sie noch viel schöner: Sněžka heißt die Schneekoppe in der Landessprache. Als höchster Berg der Sudeten teilen sich auf ihrer Spitze Tschechien und Polen. Sie lässt sich von tschechischer Seite bequem mit der Seilbahn erreichen und ist ein absoluter Pflichtstopp im Riesengebirge. Manchmal muss eben auch eine Seilbahnfahrt sein. Doch zu Fuß gehen ist viel erlebnisreicher. Vielleicht ja den Weg bergab einfach mal laufen?

Mit ihren 1603 Metern überragt die Schneekoppe alle anderen Spitzen des Gebirges, sie ist und bleibt die heimliche Königin. Wie eine Pyramide ragt sie aus der Landschaft. Die karge Landschaft auf der Spitze lädt zu Wandertouren ein und vielleicht sogar, um eine besondere Post loszuschicken, denn dort oben befindet sich nicht nur die St.-Laurentius-Kapelle, sondern auch eine

AUSFLÜGE IN DER NÄHE auf einen Blick

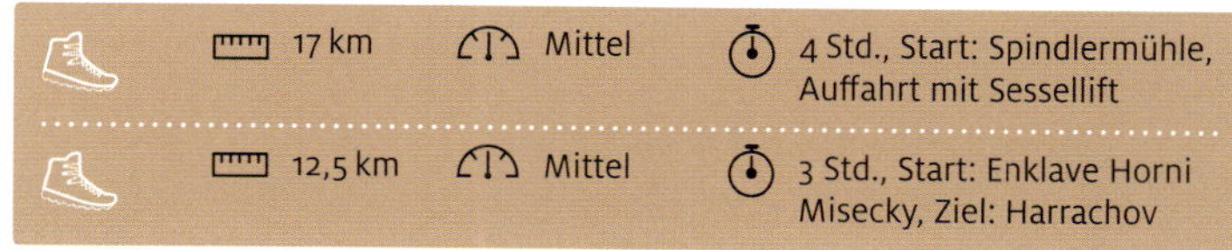

Länge	Schwierigkeit	Dauer
17 km	Mittel	4 Std., Start: Spindlermühle, Auffahrt mit Sessellift
12,5 km	Mittel	3 Std., Start: Enklave Horni Misecky, Ziel: Harrachov

Poststation. Und dann heißt es wieder hinab in den Riesengrund, Obří důl, stapfen.

Nicht nur die Schneekoppe lohnt den Besuch im **Nationalpark Riesengebirge**. Klare Gebirgsbäche rauschen über die Hänge, Tannenwälder mischen ihr würziges Aroma in die Luft, und geheimnisvolle Moore sind typisch für die Landschaft. Wer Wasserfälle mag, wird das Riesengebirge lieben, denn es wartet mit beeindruckenden Exemplaren auf. Pančavský vodopád etwa ist mit einer Fallhöhe von mehr als 100 Metern der größte Wasserfall des Landes. Aber auch die Wasserfälle Mumlavský vodopád oder Wodospad Kamieńczyka sind wirklich sehenswert.

Außergewöhnlich ist auch der Brunnberg, dort erhält sich noch lange Zeit nach der Frühjahrsschmelze ein Schneefeld. Man sagt in der Gegend, es hat die Umrisse der tschechischen Republik. Sowieso gilt das Riesengebirge als kleine Arktis inmitten des Landes. Also unbedingt mal ausprobieren, es gibt schließlich so viel zu entdecken. Schön liegt der Campingplatz Euro Air Camp umgeben von Bäumen in ländlicher Umgebung östlich von Vrchlabí. Der engagiert geführte Platz bietet alle Annehmlichkeiten für einen schönen Aufenthalt. Da er neben einem kleinen Privatflugplatz liegt, können an der Rezeption auch Rundflüge gebucht werden. Euro Air Camp eignet sich prima als Ausgangspunkt für Touren in die Berge.

der Spitze der Schneekoppe ist die Bergstation der Seilbahn zu sehen.

AUF DEN BÄRENBERG

Wie wäre es mit einer Wanderung auf den Bärenberg? Na gut, es geht auch bequemer. Diese Tour startet mit dem Sessellift zum Bärenberg. Auf der Höhe von 1200 Metern genießen die Wanderer die ersten schönen Panoramablicke. Mit dem Erreichen der Bergstation aber hat das Sitzen ein Ende, denn dort beginnt der Wanderweg. Am Aussichtspunkt Šmídova vyhlídka lockt vielleicht die erste Pause. Einfach den Blick schweifen lassen über diese karg-schöne Landschaft, die man auch als das Dach Tschechiens bezeichnen könnte. Der Weg führt weiter über die Goldhöhe. Ein Denkmal erinnert am Wegrand an die verunglückten Skifahrer Hanč und Vrbata. Zum Glück ist der Schnee längst geschmolzen, und der Weg lässt sich gut bewältigen. Übrigens lohnt es sich, einen kleinen Umweg zu machen. Gar nicht weit entfernt stürzt sich der Pantsche-Wasserfall, der höchste Tschechiens, in die Tiefe.

»Die Schneekoppe lässt sich von tschechischer Seite bequem mit der Seilbahn erreichen und ist ein absoluter Pflichtstopp im Riesengebirge.«

Auch eine Reihe von Wanderwegen führt hinauf auf die Schneekoppe.

Dann gilt es, den Weg fortzusetzen, in Richtung der Baude Vrbata, bevor es zur Elbfallquelle geht. Durch das Elbtal führt die Strecke zurück zum Ausgangspunkt.

AUF RÜBEZAHLS SPUREN

Krakonos heißt er auf tschechisch. Rübezahl ist im Riesengebirge allgegenwärtig. Also warum nicht einmal einen ganzen Wanderweg nehmen, der dieser Sagengestalt gewidmet ist? Immerhin soll sie dem Mythos nach den Bergschatz behüten und beschützen. Launisch soll er sein, der Berggeist und die Fähigkeit haben, sich in verschiedene Gestalten zu verwandeln. All das lernen Besucher, die den Pfad auf Rübezahls Spuren wandeln. Durch dichte Wälder führt der Weg über schroffe Gebirgskämme in liebliche Täler. Dabei erleben die Besucher, dass es mit den Bergschätzen gar nicht so weit hergeholt war, denn Reste von Bergbaueinrichtungen und des Erzabbaus säumen immer wieder den Weg. Zum Ende hin lädt die Wanderung am Ryzi Bach zum Nachdenken ein, bevor der Wanderer schließlich in Harrachov ankommt. Ein alter Glasmacherort, der sich heute in ein Wintersportzentrum verwandelt hat. Zeit für eine Jause in einer der Berghütten oder auf einer schönen Bank jenseits des Getümmels.

Zelten mit Blick auf die Bergwelt der Niederen Tatra – da kommt Urlaubsstimmung auf

21 KEMPING BYSTRINA

★★½☆☆

Geeignet für Wohnmobile, Caravans und Zelte, 100 Standplätze
▶ SK–3251 Demänovská Dolina

Tel. +421 445548163
GPS 49.0334, 19.574883

■ pincamp.de/SK4300

Wer Berge liebt, fühlt sich hier wohl: Dichte Wälder, sanft geschwungene Hügel und abgeschiedene Täler machen die Gegend einzigartig. Das ist fast noch ein Geheimtipp, denn die Slowakei belegt bei touristischen Wunschzielen selten obere Plätze. Damit tut man dem kleinen Land zwischen Polen und Ungarn Unrecht. Den Camper freut es, hat er doch die vielen Wandergebiete fast für sich.

Tatra – wer überhaupt schon mal von diesem Gebirgszug gehört hat, der assoziiert damit eher die Hohe Tatra, die sich in Polen befindet. Doch manchmal sind es grade die Schwestergebirge, die es zu erkunden gilt. Denn die Niedere Tatra punktet nicht mit Sensationen und Rekorden bei ihren Besuchern. Es sind die kleinen Momente, die es dort so einzigartig machen. Etwa, wenn man von einer Wanderung kommt und sich zum Abschluss das Nationalgericht Brimsen – einen pikanten Frischkäse aus Schafmilch – in einer der Berghütten gönnt. Obwohl ihr Name es anders vermuten lässt, ist die Niedere Tatra gar nicht so niedrig. Immerhin drei Bergspitzen knacken die 2000er-Marke. Der Platz Kemping Bystrina liegt sehr zentral, am Fuße des Ďumbier, dem höchsten Gipfel im **Nationalpark Niedere Tatra**, und nahe den bekannten Tropfsteinhöhlen im Demänovská-Tal. Das weitgehend naturbelassene, teilweise terrassierte Wiesen-

AUSFLÜGE IN DER NÄHE auf einen Blick

gelände liegt an einem Berghang. Es gibt vereinzelt Bäume und Sträucher. Schön ist, dass nach einer langen Wanderung das Wellnesscenter im angeschlossenen Hotel Bystrina genutzt werden kann.

Die Berge wirken in der Niederen Tatra oft spektakulärer als sie sind, denn oftmals fallen die Hänge steil ab. Lang gezogene Täler ziehen tiefe Furchen in die Topografie des Gebietes und immer wieder trifft man auf Seen und Flüsse. Bergwelt pur und das ohne ausgelatschte Wanderwege, die vor Menschen nur so wimmeln. Die Niedere Tatra bleibt immer auf der B-Liste der Destinationen, und genau das ist aber ihr Charme. Landschaftlich kann sie durchaus mithalten mit den Alpen oder den Schwesterbergen der Hohen Tatra, die sich von der Slowakei bis nach Polen ziehen. Die Niedere Tatra besteht aus Karstgestein und ist deswegen auch geologisch interessant. Denn das weiche Gestein ist an vielen Stellen vom Wasser extrem ausgewaschen, sodass sich Höhlen gebildet haben. Die Demänováer Tropfsteinhöhle und die Eishöhle sind wichtige Attraktionen, die offen für Besucher sind.

Auf dem Drei-Wasser-Lehrpfad nahe der Gemeinde Demänovská Dolina.

Aber eigentlich fährt man in die Niedere Tatra, um zu wandern. Zunächst geht es durch Laubwälder, in den höheren Lagen dominieren Latschenkiefern und Fichten den Baumbestand. Vor allem im östlichen Teil ist die Niedere Tatra noch sehr ursprünglich geblieben. In den dichten Wäldern dort sind sogar Bären heimisch. Übrigens bietet sich nicht nur ein Besuch im Sommer an, der Herbst mit seinem Indian Summer ist herrlich in diesen weitläufigen Bergen. Hartgesottene Wintercamper können dort sogar Ski fahren.

UNTERIRDISCH SCHÖN

Ganz in der Nähe des Campingplatzes liegt eine der schönsten Höhlen des Landes, vielleicht sogar Südeuropas: Die Demänováer Freiheitshöhle ist vor mindestens 228 Millionen Jahren entstanden. Der gleichnamige Bach formte die Höhle, wusch weiches Gestein heraus und ließ das harte stehen. So entstand ein einzigartiges System aus Gängen und Kammern, in dem es nie wärmer als 7 °C wird. Wasser rinnt von den Wänden herab, und die kleinen Kristalle und Sedimente haben sich im Laufe der Jahrmillionen zu Zapfen geformt: Wunderschöne Stalaktiten und Stalagmiten schimmern in Gelb, Rosa und Rot. Diese Tropfsteingebilde wachsen sogar noch. Neben den Zapfen hat das herabrinnende Wasser Sintergardinen und Sinterseerosen gebildet, einzigartige Gebilde, die eine ganz besondere Formensprache haben. Wer jetzt erst so richtig Lust auf unterirdische Besuche bekommen hat, der macht sich auf zur nahe gelegenen Eishöhle. Dort hat sich im Laufe der Jahre eine Eisschicht erhalten.

ZWEI AUF EINEN STREICH

Eigentlich waren es kleine, arme Köhlerdörfer. Wo heute Skifahrer ihre Ausrüstung leihen oder den Absacker trinken, befanden sich einst arme Siedlungen: Das erfährt der Wanderer auf einer Tour durch Donovaly. Der Ort, einst abgelegen in den holzreichen Bergen, wurde mit Bau der Passstraße plötzlich interessant, zu Beginn des 20. Jahrhunderts kamen die ersten Wintersporttouristen. Wer aber in der schneefreien Zeit kommt, wird auch nicht bestraft, denn dort lässt es sich herrlich wandern. Wer kurze Touren ausprobieren möchte, startet am Hotel Rotunda. Dort führt eine Seilbahn hinauf. Das spart den mühsamen Aufstieg. Von der Seilbahnstation führt ein Weg auf den 2024 Meter hohen Chopok. Doch noch schöner ist es, den nächsten Gipfel zu erobern, den Ďumbier mit seinen 2043 Metern. Einfach dem roten Pfad folgen und die schöne Aussicht genießen. Er führt ganz bis auf die Spitze, auch über Geröll – festes Schuhwerk ist also empfehlenswert. Die Ausblicke sind übrigens fantastisch und reichen bis zu den Gipfeln der Hohen Tatra.

»Bergwelt pur und das ohne ausgelatschte Wanderwege, die vor Menschen nur so wimmeln.«

Im glasklaren Wasser des Bergsees Strbské Pleso spiegeln sich die umliegenden Gipfel.

Herrliche Wanderwege führen durch den Nationalpark Niedere Tatra

Auf Dieter's Camping Tiszafüred fühlt man sich gleich zu Hause.

22 DIETER'S CAMPING TISZAFÜRED

★★★☆☆

Geeignet für Wohnmobile, Caravans und Zelte, 45 Standplätze

▶ Fürdö út 3-11, HU–5350 Tiszafüred

Tel. +36 59353306
GPS 47.626316, 20.749666

■ pincamp.de/HU4400

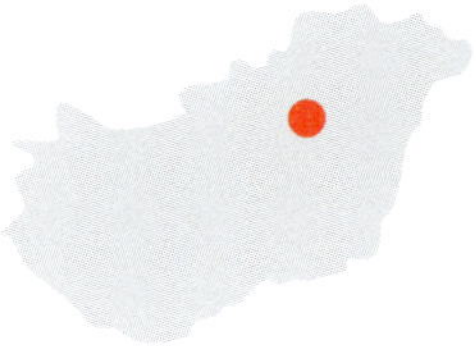

Faszinierende Puszta: Wenn man ein Postkartenbild von Ungarns Puszta im Kopf hat, dann wohl dieses: weite Steppe, aus der schlanke Ziehbrunnen aufragen, Pferde und Stille. Doch eigentlich ist der **Hortobágy-Nationalpark** eines: Zentrum der Vogelbeobachtung. Vor allem zur Zugzeit der Kraniche lohnt sich der Besuch, zu Tausenden kann man sie durch die Steppe tanzen sehen.

Dieter's Camping Tiszafüred liegt unweit des Thermalbads, in der Nähe des Theiß-Stausees. Der stadtnahe Platz unter deutscher Leitung ist gut ausgestattet, gepflegt, und die Betreiber sind sehr hilfsbereit. Von hier startet man gerne seine Ausflüge in die Puszta.

Es sieht aus wie ein anderer Kontinent. Kaum zu glauben, dass das noch Europa ist. Wenn die Sonne glühend am Horizont versinkt, dann wird deutlich, dass weite Blicke auch ohne Meer und Dünen möglich sind. Die Puszta, Ungarns Steppe, ist ein einzigartiger Ort, dessen Zauber man sich kaum entziehen kann, wann man einmal dort gewesen ist. Tatsächlich lässt schon der Name erahnen, dass es öde und wüstenähnlich sein sollte, denn das altslawische Wort Puszta bedeutet öde, verlassen. Doch so verlassen und öde ist es gar nicht. Nur weit und karg. Und genau das hat seinen ganz speziellen Reiz.

AUSFLÜGE IN DER NÄHE auf einen Blick

≈	Variabel	Leicht	Nach Lust und Laune, fußläufig vom Campingplatz
≈	Variabel	Leicht	Nach Lust und Laune, fußläufig vom Campingplatz

Hirten ziehen noch heute einsam mit ihren Schafherden durch die Steppe. Die Hörner der Zackelschafe sehen aus wie kunstvoll gedrehte Spitzen. Ochsenkarren gehören dort ebenso zum Bild wie die hoch aufragenden Ziehschlegel der typischen Brunnen. Und Pferde. Immer wieder Pferde, denn Hortobágy steht nicht nur für Wildpferde, sondern auch für Reitkunst, die man sonst oftmals nur in der Arena von Pferdeshows zu Gesicht bekommt. Hier ist sie entstanden, die Kunst, stehend auf zwei Pferden gleichzeitig zu reiten. Vorführungen wie diese machen den Besuch in der Puszta so einzigartig. Aber Pferde sind nicht nur Nutztiere, sondern auch Wildtiere, Wildpferdeherden leben auch im Nationalpark.

Unterbrochen wird das Bild der Steppe immer wieder vom Fluss Hortobágy und den kleinen Seen. Sie sind auch der Grund, warum sich Vögel wie Trappen, Seeadler und eben Kraniche dort so wohl fühlen. Eine Vogelsafari ist sowieso ein Muss in der Region. Und dann vielleicht noch eine Rundfahrt auf dem Fluss? Oder eine Radtour an seinem Ufer entlang. Die Zeit vergeht viel zu schnell in der Puszta, aber die Eindrücke bleiben für immer im Kopf. Und wenn sich der Tag seinem Ende zuneigt, dann beginnt vielleicht sowieso die schönste Zeit, denn der Nationalpark ist bekannt für seinen außergewöhnlichen Sternenhimmel. Wachbleiben lohnt sich also, bis sich die Milchstraße richtig gut erkennen lässt.

Ziehbrunnen und Pferde – im Hortobágy-Nationalpark ist beides zu sehen.

INS WARME NASS

Ungarns größter künstlicher See soll eigentlich in erster Linie den Wasserstand der Theiss regulieren und die Bewohner vor Hochwasser schützen. Entstanden ist aber ein wertvoller Naturraum, der nicht nur Reihern und Enten ein Habitat gibt, sondern der Theiß-See hat sich schnell als Ausweichziel zum Plattensee entwickelt. Campingplätze und Badestellen entstanden, und so herrscht dort im Sommer ein buntes Treiben am Wasser. Das Nordufer des Sees, die Tiszavalk-Bucht ist besonders geschützt vor Besuchern und bleibt bis heute den Tieren vorbehalten. Doch es gibt genügend Ausweichmöglichkeiten. Am besten einfach ins Kanu oder aufs SUP und eine Runde auf dem See drehen. Besonders angenehm ist, dass sich der See schnell erwärmt und das Baden immer ein schön warmes Vergnügen bleibt. Und wer doch lieber an Land bleibt: Viele Fahrradrouten bieten die Möglichkeit, den See zu umrunden und die kleinen Orte zu erkunden.

Das Racka-Schaf ist eine alte ungarische Schafrasse.

THERMALBAD

Ungarn ist das Land der Thermalbäder. Tausende von Quellen sprudeln aus dem Boden und fast überall lässt sich entspannt kuren.

»Der Hortobágy-Nationalpark ist bekannt für seinen außergewöhnlichen Sternenhimmel.«

Jedes Wasser hat andere Inhaltsstoffe und wird damit auch für unterschiedliche Anwendungsbereiche eingesetzt. Das gilt auch für Tiszafüred. Dort lassen sich Camping und Wellness prima miteinander vereinbaren. Von 22 bis 38 °C reichen die Temperaturen der verschiedenen Wasserbecken, aus denen der Besucher wählen kann. Bei Rheuma und Gelenkerkrankungen sollen diese Kuren Erleichterung bringen. Das Thermalwasser ist alkalisch, reich an Bicarbonat und hilft vor allem bei Krankheiten des Bewegungsapparates. Und wer nichts hat, der geht dennoch hin und freut sich über die angenehme Wärme. Das Bad ist im traditionellen Stil gehalten und erinnert an die 1970er-Jahre. Dennoch ist es unbedingt einen Besuch wert. Es befindet sich ganz in der Nähe des Sees und praktischerweise auch des Campingplatzes.

WESTBALKAN

Der Gebirgsfluss Soča hat in Slowenien eine einmalige Landschaft geschaffen, die es gilt, auf dem Wasser oder zu Fuß entlang des Ufers kennenzulernen. Kroatien bietet im Innenland Burg- und Schlossruinen, archäologische Spuren der Griechen und Römer und die zerklüftete Felsregion der Karl-May-Filme. In Bosnien bestimmt die Una die Aktivitäten – auf, am und im Wasser. Und für die Berg- und Höhlenwelt rund um den Skutarisee in Montenegro gehören Wanderstiefel ins Gepäck.

DER BOHINJ-SEE IST EIN ELDORADO FÜR WASSERSPORTLER.

Die Kirche am See ist vom Campingplatz aus ganz schnell zu erreichen.

23 CAMP BOHINJ

Geeignet für Wohnmobile, Caravans und Zelte, 300 Standplätze
Anf. April–Ende Okt.
▶ Ukanc 5, SI–4265 Bohinjsko Jezero
Tel. +386 9640844
GPS 46.279083, 13.835833
■ pincamp.de/SV150

Gipfel und Nationalpark: Tosende Wasserfälle und türkisfarbene Gletscherseen verzaubern den Besucher im **Triglav-Nationalpark**. Perfekt zum Wandern oder Radfahren. Zu den bekanntesten Sehenswürdigkeiten zählt der Bohinj-See, in dessen glasklarem Wasser sich die umliegenden Berge spiegeln. Gipfelstürmer und Abenteurer belohnt der Park mit vielen Erlebnissen.

Überall rauscht, sprudelt und tröpfelt es: Wasser ist das beherrschende Element im Triglav-Nationalpark. Das slowenische Schutzgebiet, das an Österreich und Italien grenzt, ist mit seinen 83 000 Hektar ganz schön abwechslungsreich. Von einmaliger Schönheit sind zum Beispiel die Schluchten, die der Gebirgsfluss Soča tief in die Berge gefräst hat. Er durchquert den Nationalpark und hat eine einmalige Landschaft erschaffen: Das wilde Wasser eignet sich perfekt für wilde Raftingtouren. Doch es muss nicht immer das Adrenalin in den Adern sein, entlang des Flusses lohnt sich auch eine Wanderung. Wer es einfacher haben möchte, der wandert am Fluss entlang zum Slap Kozjak, einem der berühmten Wasserfälle. Einzigartig dabei ist die türkisgrüne Farbe des Flusses, die vor allem bei blauem Himmel unwirklich knallig erscheint. Wer lieber länger den Fluss erkunden möchte: Über insgesamt 25 Kilometer führt der Soča-Weg entlang des Ufers. Die vielen Hängebrücken sind Teil eines Trekkingerlebnisses, das noch lange im Gedächtnis bleiben wird.

Neben der Soča-Schlucht gehört die Pokljuka-Ebene zu den Höhepunkten des Nationalparks. Sie ist das völlige Gegenteil zur Schlucht und verwöhnt die Wanderer mit weiten Blicken, blühenden Bergwiesen und sanfter Landschaft. Übrigens ist sie ein guter Grund, auch im Winter noch einmal wiederzukommen, denn dort oben lässt sich herrlich Skilanglaufen.

Wer es steiler und herausfordernder mag, der wandert zum Triglav. Der namensgebende Gipfel des Parks ist mit seinen 2864 Metern zugleich höchster Berg Sloweniens. Das ist schon etwas kräftezehrender als eine normale Wanderung. Und anschließend vielleicht etwas ausruhen? Die vielen Seen laden zum Entspannen ein, und wer die kühlen Bergseen nicht scheut, nimmt ein Bad, etwa im Jasna-See. Noch verlockender ist das Tal der Triglav-Seen. Es liegt im Herzen des Nationalparks und bietet sieben Seen. Besonders schön ist auch der Campingplatz gelegen, direkt am Bohinjer-See. Man hat freie Platzwahl auf dem leicht welligen Gelände. Der lichte Misch-

»Wasser ist das beherrschende Element im Triglav-Nationalpark«

Eine Fahrt durch die Soča-Schlucht zählt zu den Highlights eines Urlaubs im Triglav-Nationalpark.

wald spendet angenehmen Schatten und lässt den herrlichen Blick auf die Berge frei. Am Platz können Mountainbikes, Kanus, Kajaks und SUP-Boards ausgeliehen werden. Perfekt also für Touren auf dem See oder in die schönen Berge.

AUSFLÜGE IN DER NÄHE auf einen Blick

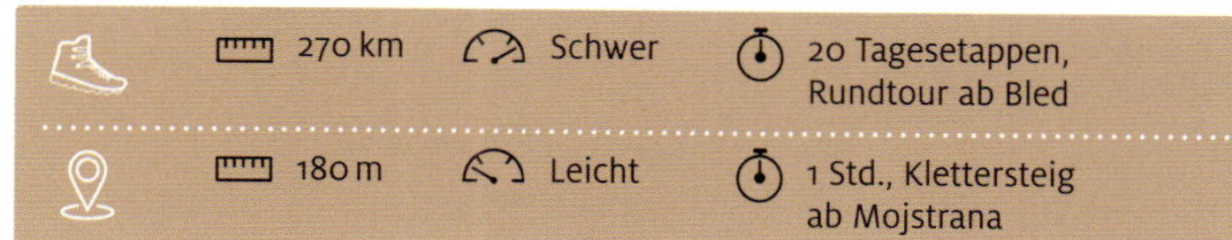

IM WANDERFLOW

Na, wie wäre es mal, mehrere Tage einfach zu wandern? Am besten durch die Berge und dann schauen, wie weit man kommt? Wer sich zu Fuß treiben lassen möchte, mit nur dem Rucksack auf dem Rücken, der hat im Triglav-Nationalpark eine gute Möglichkeit, Strecke zu machen. Der Juliana-Trail erstreckt sich über eine Länge von insgesamt 270 Kilometern. Ein schöner Teil des Weges führt direkt durch den Triglav-Nationalpark. Am Wegrand liegen dabei Top-Naturattraktionen wie die Tolim-Klamm oder der Wasserfall Kozjak. Wer den ganzen Trail gehen möchte, sollte mit mindestens 20 Tagesetappen rechnen. Es lohnt sich unbedingt, denn er führt entlang der schönsten Sehenswürdigkeiten und Naturwunder des Parks. Also Wanderschuhe schnüren, Pflaster und Fußcreme einpacken und los geht es. Praktisch: Der Trail ist als Rundweg angelegt. Insgesamt sind aber 10 000 Höhenmeter zu überwinden. Wer nur Teile gehen möchte, der organisiert sich beim Tourismusamt einen Shuttleservice.

KRAXELSPASS

Die steilen Hänge verführen zum Kraxeln: Im Nationalpark ist Klettern fast ein Volkssport geworden. Deswegen einfach mal machen. Doch anstatt sich allein auszuprobieren, ist es gerade für Anfänger immer sicherer, sich einen erfahrenen Guide zu buchen. Praktischerweise ist dieses gleich gegenüber des Klettersteigs möglich. Und dann ab auf die Via Ferrata. Der Klettersteig Grančišče ist vorbereitet für Adrenalinkicks an den Felsen. Gestartet wird bei Mojstrana, am Parkplatz. Östlich von Kranjska Gora beginnt dieser Steig. Es gibt zwei Schwierigkeitsgrade. Die 180 Meter lassen sich gut schaffen, allerdings muss dabei wirklich in den Felsen gegriffen werden. Die Drahtseile eignen sich an vielen Stellen nur zur Sicherung, nicht zum Festhalten. Doch andere schaffen das auch und der Guide wird schon die richtigen Tipps geben. Und ab und zu einfach mal verschnaufen und den gigantischen Blick ins Tal genießen.

Der Slap Kozjak ist einer der berühmtesten Wasserfälle von Slowenien.

Ein ruhiger Wohlfühlort und der Naturpark Žumberak-Samoborsko Gorje ist nicht weit.

ETNO KUĆA POD OKIĆEM 24

Geeignet für Wohnmobile, Caravans und Zelte, 10 Standplätze
Anf. April–Ende Okt.
▶ Podokićka 40, HR-10435 Klake
Tel. +385 989288773
GPS 45.752238, 15.708317
■ pincamp.de/Pin_232732

Natur pur: Nur einen Katzensprung von Zagreb entfernt liegt ein ganz besonderer Naturpark: Schnelle Flüsse und schroffe Schluchten malen ein einzigartiges Landschaftsbild. Und das nur eine Dreiviertelstunde von der Großstadt Zagreb entfernt. Natur pur, Einsamkeit und mystische Stimmung finden sich im **Naturpark Žumberak-Samoborsko Gorje**. Wer Flüsse im Nichts verschwinden sehen, Höhlen erkunden oder alte Dörfer durchstreifen will, der ist hier richtig.

Ein kleiner Schatz ist dieser Campingplatz: Zelten zwischen kleinen Holzhäuschen, nur zehn Plätze für Wohnmobil oder Zelt. Hier fühlen sich Urlauber wie in einem kleinen Dorf mitten auf dem Land, irgendwo im Nirgendwo. Ein perfekter Ausgangspunkt, um diesen Naturpark zu erkunden. Obwohl Etno kuća pod Okićem östlich und außerhalb des Parks liegt, eignet der Platz sich gut als Basis für Erkundungen. Allerdings bleibt dabei eines zu beachten: Die Wege sind hier länger, denn sie führen niemals gradlinig zum Ziel, sondern müssen immer wieder Berge umrunden. Also genau schauen, wieviel Zeit man einplanen muss, um zu den Sehenswürdigkeiten zu gelangen. Und dann aber nichts wie los. Ein schöner Ausflug wartet an der kroatisch-slowenischen Grenze. Dort befindet sich der höchste Gipfel des Parks: Der Sveta Gera mit seinen 1178 Metern lädt zu Wandertouren ein. Erhaben ist der Moment, wenn der Wanderer dann den Gipfel erreicht und den Blick über die Wiesen in die Ferne schweifen lassen kann. An der kleinen Kapelle mit der benachbarten Funkanlage findet sich sicher ein prima Platz für ein Picknick.

Es lässt sich viel erleben in dem Naturpark. Nicht nur wandern. Wie wäre es etwa, auf prähistorischen Spuren zu wandeln? Es gibt viele Burg- und Schlossruinen in dem Naturpark zu sehen, ganz in der Nähe befindet sich etwa Schloss Okić, oder besser gesagt das, was davon übrig geblieben ist.

Geschichtlich spannend wird es vor allem rund um den archäologischen Park Budinjak. Im Dorf mit 10 Einwohnern wird deutlich, wie sehr die Region von verschiedenen Einflüssen geprägt ist: Auf dem Lehrpfad »Staza kneževa« lernen Besucher etwas über die Römer, die ebenso die Architektur geprägt haben wie die Griechen, die einst die Berge besiedelt haben. Alte Mauern und Ruinen sind bis heute erhalten geblieben.

Eine weitere Ruine befindet sich ganz in der Nähe des Campingplatzes, die alte Burg Samobor. Sie bietet einen herrlichen Ausblick in das Tal und auf die gleichnamige Stadt. Nach so viel Kultur ruft schließlich doch wieder das Grün. Am besten gleich hinter dem Campingplatz den Wanderweg nehmen und noch ein Stückchen gehen.

on der mittelalterlichen Festung über Samobor sind nur noch Ruinen übrig geblieben.

AUSFLÜGE IN DER NÄHE auf einen Blick

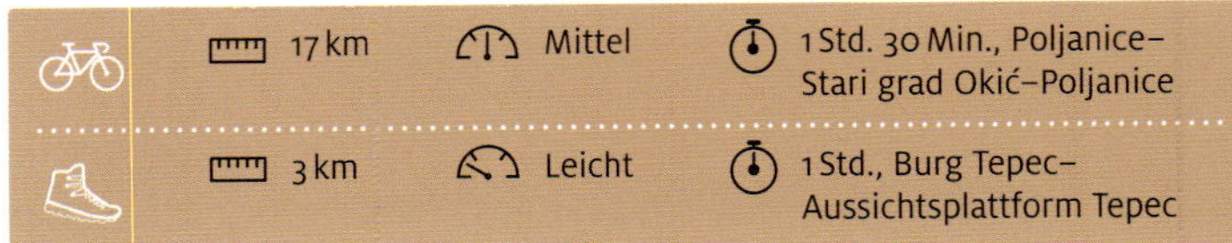

	Strecke	Schwierigkeit	Dauer
Rad	17 km	Mittel	1 Std. 30 Min., Poljanice–Stari grad Okić–Poljanice
Wandern	3 km	Leicht	1 Std., Burg Tepec–Aussichtsplattform Tepec

RAUF AUFS RAD!

In der Gegend um den Campingplatz sind die Berge noch flach genug, um genussvolle Radtouren zu unternehmen. Eine schöne Tour ist die von Poljanice über Stari grad Okić zurück nach Poljanice. Die Strecke führt durch die Weinberge. Das Klima der Südausläufer des Žumberak-Gebirges ist ideal für die Rebenzucht. Der Weg führt immer wieder an Bächen entlang und Wäldern und schließlich zeigt sich der eindeutige Höhepunkt der Tour: die Burgruine Okić. Sie geht zurück auf das Mittelalter und liegt malerisch auf einem Felssporn, der sich wie eine Nadel aus dem Gelände erhebt. Von dort oben aus ergibt sich ein wundervolles Panorama auf die umliegenden Felder und Siedlungen. Und vielleicht hat der Radler ja auch schon sein nächstes Ziel ins Auge gefasst: Novo Selo Okićko und dann weiter nach Plešivica, bevor es wieder zurück an den Ausgangsort geht. Die Tour verwöhnt insgesamt mit wunderbaren Ausblicken, Kondition ist nicht verkehrt, denn die Wege haben immer wieder Steigungen.

»Wer Flüsse im Nichts verschwinden sehen, Höhlen erkunden oder alte Dörfer durchstreifen will, der ist hier richtig.«

Im kleinen Städtchen Samobor gibt es ganz zauberhafte Ecken.

PROMENADE DURCH SAMOBOR

Nur 30 Kilometer westlich von Zagreb entfernt befindet sich eine hübsche Kleinstadt, die vom Mittelalter geprägt ist. Also warum nicht einmal einen Spaziergang durch Stadt und Umland machen, dabei lässt sich auch viel Natur entdecken. Mystisch schön ist die Burg Tepec. Von der mittelalterlichen Festung hat sich nur noch die Ruine erhalten. Sie steht eingebettet in einem kleinen, duftenden Wäldchen – herrlich, um auch an heißen Sommertagen etwas Schatten zu finden. Von dort geht es über die schönen Brücken über den Fluss Gradna und dann endlich in die Innenstadt von Samobor. Ihr wohnt französisches Flair inne, das sich in der Zeit Napoleons hier etabliert hat. Von dort aus geht es weiter zur Aussichtsplattform Tepec, von der aus sich ein herrlicher Blick auf die Stadt ergibt. Und dann weiter zum Waldpark Anindol, einem Waldstück mit kleiner Kapelle, schönen Hohlwegen und hübschen kleinen Lichtungen. Hier kann man den Blick auf die Stadt genießen und diesen schönen Tag ausklingen lassen.

Von Wäldern umrahmt liegt das Camp Rizvan City am Rand des Naturparks Velebit.

25 CAMP RIZVAN CITY

Geeignet für Wohnmobile, Caravans und Zelte, 15 Standplätze
Mitte April–Ende Sept.
▶ Rizvanuša 1, HR–53000 Gospić

Tel. +385 53573333
GPS 44.495489, 15.291584

■ pincamp.de/Pin_232564

Fast wie im Film: Winnetou-Fans lieben diesen Naturpark: Am Berg Tulove Grede wurden berühmte 1960er-Jahre-Filme wie »Old Surehand« oder »Winnetou« gedreht. Der helle Felsen mit den zackigen Spitzen erinnert an die US-amerikanische Prärie. Doch nicht nur Winnetou-Fans kommen auf ihre Kosten, sondern auch Kletterer und Wanderer. Immerhin ist der kroatische **Naturpark Velebit** der größte seines Landes und bietet heilige Berge, traumhafte Meeresbuchten und dichte, dunkelgrüne Wälder.

Wie schroffe Monumente ragen die steilen Gipfel aus der hügeligen Landschaft auf. Mal erinnern sie an überdimensionale Zähne, mal an Zacken auf dem Rücken eines Drachen. Allein schon die Formenvielfalt der Gipfel lädt zum Träumen und Fantasieren ein. Übrigens wird das Gebirge auch als Wirbelsäule von Kroatien bezeichnet. Der Velebit trennt die Küste vom Hinterland. Höchster Gipfel ist der Tulove Grede mit seinen 1127 Metern. Die Straße 54 bei Obrovac in Richtung Sveti Rok gehört zu den spektakulärsten Straßen des Parks. Sie führt nicht nur zu den berühmten Drehorten der Winnetou-Streifen der 1960er-Jahre, sondern der Besucher kommt auch noch an einem Pierre-Brice-Denkmal vorbei, das den einstigen Hauptdarsteller der Filme zeigt. Aussteigen und Fotos machen gehört ebenso zum Pflichtprogramm wie

AUSFLÜGE IN DER NÄHE auf einen Blick

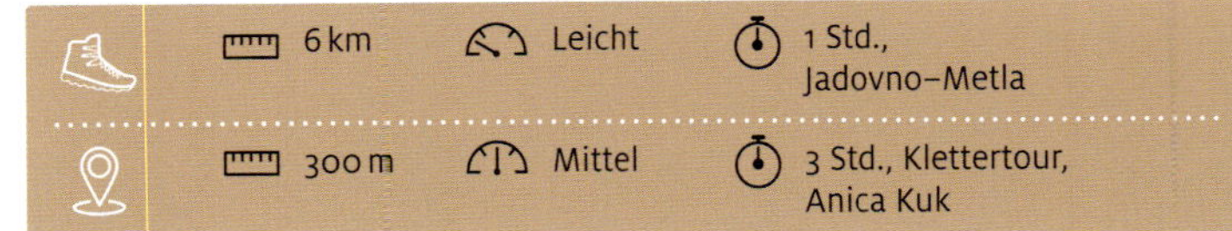

Wanderungen zu unternehmen. Doch bei Wanderungen sollten sich Besucher vorher genau erkundigen, denn noch immer gibt es jenseits der Wege Gefahren durch Landminen aus dem Jugoslawienkrieg.

Also schön auf den Wegen bleiben und die einmalige Landschaft genießen. Es sind die dichten Wälder, die dem Naturpark sein Gesicht geben. Dort fühlen sich nicht nur Urlauber wohl, sondern auch selten gewordene Tiere wie der Braunbär oder der Luchs. Während der eine hofft, ein solches scheues Säugetier vor die Kamera zu bekommen, freut sich der andere, wenn ihm keines dieser Raubtiere über den Weg läuft.

Mühsam geht es über die Felsen hinauf, aber oben belohnt eine herrliche Aussicht.

Wer im Naturpark unterwegs ist, möchte am liebsten den ganzen Tag lang nur schnuppern, denn die Luft riecht ausgesprochen gut. Rosmarin, Pinien und eine Prise Salbeiduft ziehen mit dem Wind heran. Auch auf dem Campingplatz riecht es gut, denn das kleine Camp Rizvan City kuschelt sich mitten im Wald zwischen Berge und Bäume. Die Wiesen sind sonnig und eignen sich hervorragend für Zelte und Wohnmobile. Also einrichten und dann den Naturpark entdecken. Er ist ein grünes Juwel in Kroatien. Der 150 Kilometer lange Gebirgszug zieht sich parallel zur Küste. Zum Naturpark gehören traumhafte Buchten wie Zavratnica, alte Steinwege und die Höhlen von Cerovac, die mit ihrem verschlungenen Gangsystem jede Menge Abenteuer versprechen.

WANDERN

Es muss nicht immer weit sein, manchmal bringt auch eine kurze Wanderung den Kick für den Tag. Wie wäre es mit einer Sechs-Kilometer-Strecke? Das ist nicht zu lang oder zu schwer, sondern hat fast Spaziergangqualität. Begonnen wird ganz in der Nähe von Gospić, es ist eine moderate Strecke mit schönen Panoramablicken. Und vielleicht zeigt sich dabei sogar eine botanische Rarität: Sie blüht gelb, wächst gern an Felsen und hat silbrigfarbene, lanzenförmige Blätter: Die Velebit-Degenie ist eine endemische Pflanze, die es nur in diesem Naturschutzgebiet gibt. Aber mit etwas Glück lassen sich auch Adler am Himmel sehen. Doch es lohnt sich auch, immer wieder auf den Weg zu achten, denn die Hornviper, eine Giftschlange, kommt auch im Park vor und möchte nicht auf den Schwanz getreten werden. Wer also die Augen aufsperrt, der kann viel entdecken. Doch vor allem ist die Wanderung schön, weil sie herrliche Blicke auf Gipfel und die Weiten der Hochebenen erlaubt. Einfach mit Ruhe die Strecke entlangschlendern und genießen.

KLETTERN

Der Velebit-Naturpark ist auch ein Paradies für Kletterer. Die steilen Felsen eignen sich hervorragend zum Climbing. Das ist doch etwas anderes als der nahe Hochseilgarten am Campingplatz. Der lockt natürlich auch abenteuerlustige Kletterfans, doch direkt am Felsen zu klettern bringt einfach mehr Adrenalinkicks. Wer also neuen Nervenkitzel sucht, der bucht sich am besten einen Kletterguide und geht in die Felsen. Vor allem drei Strecken sind gut ausgebaut. Anica Kuk ist eine davon. Die Felswand ist 300 Meter hoch und ein dichtes Netz an Routen durchzieht den Felsen. Sie reichen von mittleren Schwierigkeitsgraden bis zu extremen Anforderungen. Bestückt sind sie mit Bohrhaken, den Rest des Equipments hat sicher der Guide im Gepäck. Und dann heißt es: Mut fassen und einfach mal an kleinen Vorsprüngen aufwärts klettern. Oben erwartet die Mutigen ein sagenhafter Blick in die Ferne. Geöffnet sind die Strecken von Mitte April bis Mitte Oktober.

»Der Naturpark Velebit bietet heilige Berge, traumhafte Meeresbuchten und dichte, dunkelgrüne Wälder.«

Majstorska Cesta ist eine berühmte Straße im Naturpark Velebit.

Der malerische Wasserfall Štrbački Buk liegt im Una-Nationalpark.

Einfach mal abhängen – wann ginge das besser, als im Urlaub?

26 CAMP BUK

Geeignet für Wohnmobile, Caravans und Zelte, 40 Standplätze

▶ Zamosce 1, BA–77206 Bihać, Kulen Vakuf

Tel. +387 61142510
GPS 44.568, 16.08397

■ pincamp.de/HZ1250

Raus in die Natur: Türkisfarbenes Wasser, Wasserfälle und Seen – das klingt nach Plitvicer Seen? Fast richtig. Der berühmte Nationalpark in Kroatien hat ein Pendant in Bosnien-Herzegowina: den **Una-Nationalpark**. Das Schöne an ihm ist: Er hat noch Geheimtippcharakter. Benannt ist der größte Nationalpark des Landes nach dem Fluss: Una, die eine, die Schöne. Auf 200 Kilometern Länge schlängelt sich der Wasserlauf durch den Nationalpark und bietet viele Aktivitäten.

Morgens ist es am Schönsten: Dann duften die Wiesen feucht nach Tau und Gras und das Flüsschen Una wispert sein stetiges Plätschern zwischen die Vogelstimmen. Nur gut 50 Kilometer vom berühmten Nationalpark Plitvicer Seen finden Camper mit dem Camp BUK hier eine echte Idylle am Fluss. Das leicht geneigte, terrassierte Wiesengelände wird durch einzelne Bäume beschattet. Klar rauscht die Una über Steine durch ihr Flussbett. Schnell ein kurzes Morgenbad nehmen, vielleicht den Campingstuhl direkt ans Ufer stellen und die herrlich klare Luft einsaugen. Eigentlich könnte man Stunden so einfach rumsitzen. Doch irgendwann kommt der Abenteuergeist, denn dieser Nationalpark weckt den ganz sicher. Er ist wie geschaffen für sportliche Outdoor-Aktivitäten zu Fuß, auf dem Rad oder auf dem Wasser. Vieles ist hier mög-

AUSFLÜGE IN DER NÄHE auf einen Blick

Wandern	20 km	Mittel	3 Std. 30 Min., Štrbački Buk–Lohovo
Radfahren	30 km	Mittel	4 Std., Rundtour ab Campingplatz, gute Fitness notwendig

lich – und wenig ist überlaufen. Der Nationalpark verschmilzt mit der Grenze zu Kroatien, er beginnt bei der Stadt Drvar und zieht sich bis nach Ripac.

Wie wäre es mit schönen Wanderungen durch die Berge? Panoramareich sind die Wege, sie führen durch duftende Wälder. Immer wieder gelangen Wanderer dabei auch an kleine Flüsschen oder Wasserfälle. Steinadler kreisen gern in der Luft, Luchse, Wölfe und sogar Bären kommen in den Wäldern vor. Am besten lässt sich die Gegend beim Wandern erkunden. Zum Wasserfall Štrbački Buk führt ein Holzbohlenweg direkt am Fluss entlang. Bei Kulen Vakuf stehen die Fliegenfischer am Fluss und werfen ihre Köder aus, und sogar Höhlentauchen lässt sich in dieser Gegend. Action heißt das Stichwort für diesen Urlaub, Angebote gibt es reichlich.

An den Campingplatz angeschlossen ist ein Raftingzentrum, dort wird es dann spätestens mittags trubelig, wenn die Wildwasserfreunde in die Boote steigen. Wer lieber an Land bleibt, der leiht sich ein Mountainbike oder geht wandern, vielleicht auf der Via Dinarica, die durch den Park führt? Und abends? Am besten den Platz auf der Schaukel des Campingplatzes sichern und aufs Wasser blicken und träumen.

Es gehört sehr viel Glück dazu, einen Luchs in freier Wildbahn zu sehen.

ADRENALINKICK AUF DER UNA

Wer Abenteuer sucht, ist hier genau richtig: Rafting auf der Una lässt das Adrenalin durch den Körper sausen. Die Una ist noch ein wilder Fluss, der sich über Wasserfälle in die Tiefe stürzt. Also ab ins Schlauchboot und los geht es. Was anfangs ganz chillig startet, entwickelt sich zum echten Abenteuer, denn es geht nicht nur über Travertinterrassen, sondern auch über Stromschnellen und Wasserfälle. Bei den großen Wasserfällen stürzt das Boot ohne Passagiere in die Tiefe, aber bei den kleinen kann es schon mal sein, dass sich das Boot fast senkrecht stellt und man das Gefühl hat, gleich hinauszufliegen. Wer etwas zaghaft ist, kann aber währenddessen am Ufer warten und wird nach Überwinden des Hindernisses wieder eingesammelt. Auf jeden Fall ist es ein nasses Vergnügen, denn das Spritzwasser hat bald die Passagiere vollends durchweicht. Am Ende ist eines sicher: Der hohe Adrenalinpegel im Blut und das schöne Gefühl, seine Angst überwunden zu haben. Praktisch: Die Touren starten direkt am Campingplatz.

MOUNTAINBIKEN

Wer sein Mountainbike dabeihat, schwingt sich in den Sattel und sucht sich seinen Weg entlang der Una. Zunächst führt diese Tour steil bergauf zur alten Festungsruine Ostrovica. Zwischen den alten Türmen und Mauern einfach mal hindurchwandeln, das Bike sicher abstellen und die Aussicht genießen. Der steile Anstieg fordert vielleicht sowieso eine kleine Pause. Und die gilt es zu genießen, traumhaft ist der Blick auf Kulen Vakuf. Erst aus der Vogelperspektive wird deutlich, wie idyllisch sich das Örtchen an den Flusslauf schmiegt. Dann geht es weiter, zum Glück bergab und die Tour folgt dem Lauf der Una. Das Wasserplätschern immer im Ohr, die Luft ist hier auch ein wenig kühler als andernorts, tritt der Mountainbiker fleißig in die Pedale. Kleine Wasserfälle liegen am Wegrand. Die Tour ist mittelschwer und schon bald landet der Mountainbiker in Martin Brod. Doch bevor er das Ziel erreicht, erinnert noch die zerstörte Brücke an den einstigen Krieg. Sie ist ersetzt durch eine neue, die alte Straße führt wie ein stummes Mahnmal ins Wasser. In Martin Brod können Mountainbiker nun noch in die Una-Schlucht wandern oder sich gemütlich auf den Rückweg machen.

»Morgens duften die Wiesen feucht nach Tau und Gras und das Flüsschen Una wispert sein Plätschern zwischen die Vogelstimmen.«

einer Raftingtour am Wasserfall Štrbački Buk heißt es zwischendurch auch mal Tragen.

Hier will so schnell keiner wieder nach Hause fahren.

CAMP PODKRAJ 

Geeignet für Wohnmobile, Caravans und Zelte
▸ ME-81305 Virpazar
Tel. +382 66113069
GPS 42.25427, 19.07604
■ pincamp.de/Pin_234656

Völlig entspannt: Hinter dem Haus erheben sich die karstigen Hänge. Davor zieht sich ein Band aus Blumen in Pink und Orange durch die Wiese. Der schwere Duft von Feigen hängt in der Luft. Drei Kilometer hinter dem in einer Bucht des Skutarisees gelegenen Städtchen Virpazar liegt der Campingplatz Podkraj inmitten üppiger Vegetation. Der Platz ist einfach und unspektakulär, aber schon das mit Blumen geschmückte »Welcome« am Eingang gibt einem das Gefühl, willkommen zu sein.

Und so fühlt man sich bei Familie Markovic schnell wie bei Freunden. Nicht nur, wenn die Gastgeberin auf dem überdachten Essplatz im Freien ihre Spezialitäten wie Risotto mit Meeresfrüchten oder die würzigen Kartoffeln auftischt, von denen sich schon mancher gerne einen Nachschlag hat geben lassen. Dazu ein Glas Wein aus eigenem Anbau. Wer es ganz gechillt mag, der kann sich von früh bis spät kulinarisch verwöhnen lassen und muss sich nur für die Details entscheiden. Etwa ob lieber auf der Terrasse oder in der Hollywoodschaukel frühstücken oder den Abend mit Lagerfeuerromantik oder an der Bar ausklingen lassen.

Dreh- und Angelpunkt ist der überdachte Sitzplatz beim Haus. Hier kann man nicht nur essen

– auch selbst Gekochtes – und trinken. Hier gibt es auch den besten WLAN-Empfang und viel Platz zum Spielen und Malen. Seinen Lieblingsplatz für Zelt oder Camper kann man sich selber suchen. Hinter den Türen eines nach außen karg wirkenden Häuschens verstecken sich moderne Bäder. Es gibt einen Pool und – noch viel schöner – ganz in der Nähe einen glasklaren Fluss zum Baden. Hier kann man sich seine Hängematte zwischen die Bäume spannen, Katzen, Esel oder Ziege streicheln oder direkt vom Platz aus loswandern.

Von Virpazar aus lässt sich der **Nationalpark Skutarisee** erkunden. Der Legende nach aus der Träne einer montenegrinischen Fee entstanden, ist er der größte der Balkanhalbinsel und bekannt für seine Seerosenteppiche, Wasserkastanien und Inseln, wie Beska, Gorica und Moracnik. Vor allem aber als Lebensraum für Vögel, Fische und den Skutari-Wasserfrosch. Seit 1983 ist der montenegrinische Teil Nationalpark, seit 2005 der komplette See.

STRUBBELKOPF IM VISIER

Sein strubbeliges Gefieder, das ein bisschen an ein feuchtes Frotteehandtuch erinnert, verhalf dem Krauskopfpelikan zu seinem Namen. Mit seinem Federschopf am Hinterkopf ist der stattliche Vogel, der bis zu 1,70 Meter groß wird und mit ausgebreiteten Flügeln mehr als drei Meter Spannweite erreicht, leicht zu erkennen. Trotzdem braucht es Glück, Geduld und respektvollen Abstand, um eines dieser gefiederten Wahrzeichen des Skutarisees zu entdecken. Nur noch 500 Brutpaare gibt es weltweit. Etwa 100 Tiere leben hier im Nationalpark, der zu den größten Vogelschutzgebieten Europas zählt.

Rund 280 Vogelarten sind auf und um den von unterirdischen Quellen gespeisten See heimisch, der für seinen Fisch- und Vogelreichtum bekannt ist. Unter anderem Ibisse, Rallenreiher, Purpurreiher, Weißbartseeschwalben, Moorenten und Schwarzscheitelreiher. Dazu kommen die Zugvögel. Gute Beobachtungspunkte gibt es an den fünf ornithologischen Stationen Manastirska tapija, Grmožur, Omerova gorica, Crni žar und Pančevo

»Hier kann man sich seine Hängematte zwischen die Bäume spannen oder direkt vom Platz aus loswandern.«

Der Skutarisee gehört zu den größten Vogelschutzgebieten Europas – also Fernglas nicht vergessen.

oko oder – für Sportliche – vom Kajak aus. Bei einer solchen Paddeltour mit Ranger erfährt man zudem viel über die Besonderheiten des mit 18 000 Jahren noch vergleichsweise jungen Sees, der aus einem Sumpfgebiet entstand. Dass knapp 50 000 Zugvögel hier überwintern oder dass ausgiebige Regenfälle und Schmelzwasser aus den Bergen die Wasserfläche zeitweise von 370 auf 540 Quadratmeter vergrößern.

Wer dann noch immer nicht genug von Vögeln hat: Nur 50 Kilometer sind es zu den Salinen von Ulcinj, wo man Flamingos beobachten kann, wie sie auf ihren langen Beinen durch die Salzgärten staksen (www.monticola.me/tour-item/birds-salt-and-olive-oil-ulcinj-salina-birdwatching-tour).

MÄRCHENHAFT

Gleich hinter der alten Steinbrücke von Babin Most wird es märchenhaft. Begleitet vom Glucksen des Orahovštica-Bachs geht es auf leicht ansteigenden Schotterwegen durch einen zauberhaften Wald mit Moos auf den Steinen, kleinen Blumen auf dem Waldboden und Resten von Steinmauern, über die sich Efeu rankt. Die einstigen Verbindungspfade zwischen den Dörfern am Hang sind heute schöne Wanderwege. Smaragdgrün ist das

Die Tropfsteingebilde in der Lipska-Höhle werden mit farbigem Licht gekonnt in Szene gesetzt.

Der Skutarisee ist ein herrliches Revier für Wassersportler, eine Tour in den Sonnenuntergang ein perfekter Tagesausklang.

Wasser bei der Brücke von Opačac, wenn sich die Sonne durch die Bäume Bahn bricht. Ein schöner Platz fürs Picknick und zum Spielen am Wasser.

AUSFLÜGE IN DER NÄHE auf einen Blick

	Strecke	Schwierigkeit	Dauer
	50 km	Leicht	Nach Lust und Laune
	3,5 km	Leicht	1 Std. 30 Min., Babin Most–Opačac
	40 km	Leicht	1 Std., Höhlentour

VERBORGENE SCHÄTZE

Unterirdische Gänge, weitläufige Kavernen und bizarre Formationen aus Tropfstein verbergen sich unter den Bergen Montenegros. Es gibt eine Vielzahl von Höhlen, die zumeist allerdings Wissenschaftlern und professionellen Expeditionen vorbehalten sind. Öffentlich zugänglich ist nur die Lipska-Höhle in der Nähe von Cetinjes. Ein etwa 2,5 Kilometer langes System von Gängen und Galerien ist für Besucher erschlossen, die sich angesichts filigran aufgetürmter Stalagmiten und bizarrer Stalagtiten recht klein fühlen. Und während es leise gluckst und tropft, bekommt man eine Idee, wie die Felsformationen im Lauf von sechs Millionen Jahren Tropfen für Tropfen entstanden.

SÜDOSTEUROPA

Kurz bevor die Donau ins Schwarze Meer mündet teilt sie sich in mehrere Arme auf und bildet das Donaudelta in Rumänien. Atemberaubend schöne Auwälder, mit Schilf gesäumte und von Seerosen bedeckte Wasserflächen und eine herrliche Vogelwelt warten darauf, erkundet zu werden. In Griechenland wechseln sich im Parnass felsige Gipfel mit sanften Tälern ab. Kaum sind Pinienwälder und Olivenhaine durchwandert, wartet griechische Geschichte mit den antiken Stätten in Delphi.

ZU ZWEIT MACHT ES EINFACH MEHR SPASS – ZWEI ROSAPELIKANE IM DONAUDELTA.

Camping Lac Murighiol liegt mitten im Nationalpark Donaudelta.

28 CAMPING LAC MURIGHIOL

★★½

Geeignet für Wohnmobile, Caravans und Zelte, 30 Standplätze
Mitte Mai–Ende Okt.
▶ Mahmudiei 10, RO–827150 Murighiol

Tel. +40 744175581
GPS 45.04113, 29.15638

■ pincamp.de/RO3150

Bezauberndes Donaudelta: Wer dort nicht einfach verzückt in diese weit verzweigte Wasserwelt blickt, der ist wohl doch eher der Städteurlauber. Das zweitgrößte Flussdelta Europas verzaubert mit Auwäldern, schwimmenden Schilfinseln und einem ganz besonderen Bewohner: dem Pelikan. Er ist dort heimisch und der Symbolvogel der Region. 7000 Exemplare leben dort. Also auf jeden Fall Fernglas mitnehmen!

Manchmal möchte man Frosch sein und sich einfach auf ein Seerosenblatt legen. Mitten in diese riesigen Felder hineinfaulenzen. Seerosen gehören zu den typischen Pflanzen des **Nationalparks Donaudelta** und riesige Felder bedecken die Wasserflächen. Mit etwas Glück blühen sie sogar, in diesem Fall meistens gelb, denn die Sorte findet sich am häufigsten im Donaudelta. Wer in diesen wasserreichen Teil Rumäniens kommt, der muss die Natur mögen, denn diese Verbindung zwischen Wasser, Sumpf und Land ist wohl einzigartig in Europa. Klar, Flussdeltas gibt es einige und sie alle sind sehenswert. Doch möglicherweise ist das Donaudelta das wildeste unter ihnen. Dort gibt es Inselchen, die über und

AUSFLÜGE IN DER NÄHE auf einen Blick

(Wasser)	Variabel	Leicht	Ganztagestour, Rundkurs ab Campingplatz
(Fernglas)	Variabel	Leicht	Halb- und Ganztagestouren, verschiedene Strecken

über mit Muscheln bedeckt sind, Röhrichte, aus denen es schnattert und zwitschert, und mit etwas Glück sieht man Reiher aufsteigen und Bäume, die im Wasser zu schweben scheinen. Schillernde Eisvögel huschen schnell zwischen den Bäumen davon und mitunter sieht man auch Biberbauten. Das Donaudelta ist ein wichtiges Refugium für immerhin 4029 Tierarten.

Europas größte Schilfrohrgebiete finden sich dort, ebenso wie ganze 5000 Quadratkilometer Auwälder. Wer im Donaudelta unterwegs ist, lernt schnell, dass nicht in allen Teilen der Welt der Landweg die schlaueste Verbindung von A nach B ist. Wer hier urlaubt, nimmt den Wasserweg, der ist nicht nur schöner, sondern oftmals auch einfach schneller. Und ständig locken wunderschöne Ausflüge mit dem Boot. Etwa zu Wildpferdeherden im Letea-Wald oder zu den Pelikanen im nahen Reservat Roşca-Buhaiova. Es gibt Wasserlabyrinthe, die von Bootstouren angesteuert werden und Touren, die mehrere Seen besuchen. Der Campinglatz Lac Murighiol

»Das Donaudelta verzaubert mit Auwäldern, schwimmenden Schilfinseln und einem ganz besonderen Bewohner: dem Pelikan.«

Bei einer Bootstour vom Campingplatz aus ist man mittendrin, statt nur dabei.

eignet sich ideal als Ausgangspunkt, denn er liegt idyllisch mitten im Naturschutzgebiet. Der Besitzer bietet übrigens ganz eigene Bootstouren an, eine Gelegenheit, die man sich nicht entgehen lassen sollte. Dabei werden auch individuelle Wünsche berücksichtigt, egal, ob man als Vogelbeobachter oder Naturfotograf kommt, oder um den Sonnenuntergang zu bestaunen – die Bandbreite kennt kaum Grenzen.

WO DIE WILDEN PFERDE WOHNEN

Ein subtropischer Wald in Europa? Ja, den gibt es! Der Letea-Wald ist der nördlichste, subtropische Wald und breitet sich zwischen den Mündungsarmen Chilia und Sulina aus. Es ist eine völlig andere Welt, abgeschnitten von der Zivilisation. Die Menschen im Dorf Letea bauen ihr Gemüse größtenteils selbst an und leben von der Fischerei oder der Jagd. Sogar eine alte Windmühle funktioniert noch wie im Mittelalter. Wer das Reservat erkunden möchte, kann spezielle Bootstouren buchen. Wer sich für einen ganztägigen Trip entscheidet, bucht zumeist noch ein Mittagessen in einem örtlichen Fischerhaus, garantiert frisch gefangen und selbst gekocht. Es gibt auch die Möglichkeit, mit der Pferdekutsche über die Wege zu zuckeln und durch den Wald zu wandern, um später wieder zum Boot zurückzukehren. Mit etwas Glück und der richtigen Jahreszeit erwischt der Bootskapitän eine Strecke, auf der viele Vögel zu sehen sind. Sonnenbrille, Kopfbedeckung und Mückenschutz unbedingt einpacken!

BIRDWATCHING

Wenn es mal so einfach wäre – Naturbeobachtungen sind immer Glückssache. Mal sieht man viel und mal ist es enttäuschend. Deswegen ist es wichtig, sich einem erfahrenen Guide anzuschließen, wenn man Birdwatching im Donaudelta machen möchte. Tatsächlich ist das eines der Must-Dos in der Region, denn dafür ist sie bekannt. Und wer ist nicht aufgeregt, wenn er seinen ersten Pelikan in freier Wildbahn sieht, egal ob Krauskopf- oder Rosapelikan – beide Arten sind im Donaudelta heimisch, aber auch noch andere Arten, etwa Höckerschwäne, Brandgänse oder Säbelschnäbler. Graureiher sind dort ebenso zuhause wie Löffler oder Purpurreiher. Der häufigste Vogel ist wohl die Lachmöwe, die lustig keckernd über den Booten kreist. Sogar Kraniche kommen dort vor. Doch alle Vögel können einpacken, wenn ein Pelikan vorbeizeiht. Dann bleibt der Vogel mit dem riesigen Kehlsack und dem langen Schnabel einfach der Superstar der Gegend. Vielleicht, weil er so lustig aussieht, als sei er gerade einem Comic entsprungen.

Wenn es im Letea-Wald plötzlich raschelt, können das auch Wildpferde sein, die dort leben.

Das Restaurant von Camping Apollon ist allein schon wegen des Ausblicks einen Besuch wert.

CAMPING APOLLON 29

Geeignet für Wohnmobile, Caravans und Zelte, 108 Standplätze
ganzjährig geöffnet
▶ Apollos 2, GR–33054 Delfí

Tel. +30 2265082762
GPS 38.483766, 22.47575

■ pincamp.de/GM3140

Weitblick und Geschichte: »Wir wollen wandern und uns die historischen Stätten anschauen«, schildert Anke, die vor ihrem Camper sitzt und begeistert in die Ferne schaut. Wohnwagen, Wohnmobile und Zelte sind auf dem Camping Apollon willkommen. Der Campingplatz liegt außerordentlich schön am Berg im **Nationalpark Parnassos**. Schon die Anfahrt vom Meer her oder aus Richtung Athen ist voller Eindrücke und wunderbarer Ausblicke. Das Gebirge und der fast 2450 Meter hohe Gipfel erheben sich majestätisch über dem Land. Das Schutzgebiet ist eines der ältesten in Griechenland und wurde 1938 gegründet. Der Park ist Touristen und Griechen vor allem bekannt wegen seines großen und beliebten Skigebiets. Aber er beherbergt auch verschiedene außergewöhnliche Ökosysteme und eignet sich hervorragend zum Wandern. Über 100 Kilometer Wanderwege aller Schwierigkeitsgrade sind ausgezeichnet. Dabei ist die Landschaft sehr abwechslungsreich. Felsige Gipfel wechseln sich mit sanften Tälern ab. Mediterrane Vegetation ist vorherrschend. Man durchwandert große duftende Pinienwälder und erlebt dann wieder andere Vegetation. Am verbreitetsten ist die griechische

AUSFLÜGE IN DER NÄHE auf einen Blick

15 km	Leicht	4 Std., Start/Ziel: Theth, Start: CP, Ziel: Kirra
3 km	Leicht	Nach Lust und Laune, ab dem Campingplatz

Tanne mit scharfen, spitzen Nadeln. Und am Fuß des Bergs wachsen uralte Olivenbäume in riesigen Hainen. Auch mehrere geschützte Tierarten leben im Nationalpark, in dem es unter anderem Wölfe, Adler und Geier gibt.

Hier zwischen Bergen und Meer finden Camper einen ruhigen, schön angelegten Campingplatz unter familiärer Führung mit sehr stilvollem Restaurant. Er ist der ideale Ausgangspunkt für die Besichtigung der archäologischen Stätten in Delphi, die nur 3 Kilometer entfernt liegen. In rund 30 Minuten kann man sie zu Fuß erreichen. Auch eine kleine Touristenbahn fährt dorthin. Das ist praktisch, denn es gibt kaum Parkplätze an der beliebten Touristenattraktion, die zum UNESCO-Weltkulturerbe gehört. Wer hier ist, sollte sie unbedingt besuchen. Von den auf Terrassen angelegten Stellplätzen hat man herrliche Aussichten übers Tal zum Meer und bis zum Golf von Korinth. Ver- und Entsorgung, Waschmaschinen, Minimarkt und Restaurant sind vorhanden. Eine Attraktion ist auch der Pool auf einer Terrasse mit Blick übers Land. Durch die Lage im Nationalpark ist Delphi aber auch ein Wanderparadies. Guter Einstieg ist der alte Fußweg, der etwas unterhalb des Campingplatzes verläuft.

AUF DEN SPUREN ANTIKER PILGER

Kirra war der antike Hafen von Delphi. Hier kamen bereits vor 2700 Jahren die Pilger aus verschiedensten Ländern an Land und wanderten dann voller Hoffnung hoch zum Heiligtum. Auf ihren Spuren führt die gut ausgeschilderte Wanderung von 550 Metern Höhe hinunter ans Meer. Die Landschaft ist abwechslungsreich. Immer wieder bieten sich herrliche Ausblicke. Die Wanderung startet neben den archäologischen Stätten. In einigen Kurven geht es hinunter. Steinstufen zeugen von der langen Geschichte der Route. Dann führt der Weg in Richtung Osten. In Kehren windet sich der Pfad weiter den Berg hinunter. Unterwegs liegt eine kleine, malerische Kapelle. In Richtung Westen und dann nach Süden folgen Wanderer dem Tal des Flusses Plestos. Der Ort Chrisso bleibt rechts liegen. Hier befindet sich das prähistorische Dorf Krissa eingebettet in der Landschaft. Das nächste Stück der Wanderung führt durch einen mächtigen Olivenhain. Es ist einer der größten und auch ältesten

Das Skigebiet im Nationalpark Parnassos ist das größte und bekannteste Skigebiet in Griechenland.

Haine in Griechenland. Er gehört gemeinsam mit den archäologischen Stätten von Delphi zum UNESCO-Weltkulturerbe. Die Bäume sind bis zu 10 Meter hoch. Das Licht der Sonne spielt durch die Blätter. Immer wieder bleibt der Blick an anderen Formen hängen. In Kirra ist das Meer erreicht. Wer Badesachen eingepackt hat, rundet die Tour mit einem Sprung ins klare Wasser ab. Vom Ziel geht es mit dem Linienbus oder Taxi wieder zurück zum Campingplatz. Der alte Pilgerpfad ist Teil des europäischen Fernwanderwegs E 4. Er ist mit gelben Schildern und Punkten gekennzeichnet. Auf Straßen kommen weiße Pfeile auf dem Boden dazu.

UNESCO-WELTKULTURERBE DELPHI

Griechenland gilt wegen seiner antiken Zivilisation und Stätten als Wiege der westlichen Kultur. Und Delphi spielte bereits ab 700 v. Chr. eine wichtige Rolle. An den Hängen des Bergs Parnassus liegt die berühmte archäologische Stätte mit Stadion, mehreren Tempeln, heiligem Weg, Theater, Schatzhäusern und Museum. Sie gehört zum UNESCO-Weltkulturerbe. Hier im Heiligtum des Apollon wirkte einst das Orakel der damaligen Welt, die Seherin Pythia. Diese atmete aus dem Boden austretende Dämpfe ein. Aus der ganzen antiken Welt schickten die Verantwortlichen

Die Olivenbäume in Delphi sind noch nicht ganz so alt wie die Ruinen.

Unglaublich, vor wie vielen tausend Jahren diese Bauten geschaffen wurden – ein Besuch in Delphi gehört einfach dazu.

Gaben nach Delphi und bauten dafür Schatzhäuser. Opfergaben aus Armenien und Syrien, die bei Ausgrabungen gefunden wurden, zeigen die Bedeutung und Anziehungskraft der ehemaligen Pilgerstätte, die auch als Nabel der Welt bezeichnet wurde. Über 1000 Jahre hielt die Bedeutung an. Bei der Besichtigung folgt man dem Weg der Pilger durch das ehemalige Heiligtum und steigt dabei immer weiter den Berg hinauf. Beeindruckend ist auch das in den Stein gehauene Stadion ganz oben. Nicht verpassen sollte man den Spaziergang zum Heiligtum der Athena Pronia etwas unterhalb der Straße mit der viel fotografierten Tholos (Rundtempel). Zum Besuch der antiken Stätten gehört unbedingt auch die Besichtigung des archäologischen Museums mit einer beeindruckenden Sammlung. Darunter sind die bekannte Statue des Wagenlenkers und Schätze, die bei Ausgrabungen gefunden wurden. Für die Besichtigung sollte man gutes Schuhwerk und Sonnenschutz einplanen und auch etwas zu Trinken und Essen mitnehmen, so wie für eine Wanderung. Denn das Gelände ist groß und die Wege teilweise mit Geröll angelegt. Dafür wird man mit wunderbaren Einblicken in die Welt der Antike und Aussichten belohnt.

»Schon die Anfahrt vom Meer her oder aus Richtung Athen ist voller wunderbarer Ausblicke.«

DIE STRASSEN IN NORWEGEN FÜHREN
OFTMALS AM RAND VON FJORDEN ENTLANG.

NORD-EUROPA

CAMPINGPLÄTZE IN NORDEUROPA

WEITERE TOLLE PLÄTZE AUF PINCAMP.DE!

SKANDINAVIEN

Abwechslungsreiche Ausflüge und atemberaubende Aussichten

(30) Naturschutzgebiet Vogelinsel Runde: Camping Goksøyr → S. 141

(31) Jostedalsbreen Nationalpark: Melkevoll Bretun Camping → S. 145

(32) Hardangervidda-Nationalpark: Camping Sæbø → S. 149

(33) Nationalpark Tiveden: Stenkällegårdens Camping Tiveden → S. 152

(34) Nationalpark Vadehavet: Rømø Familie Camping → S. 156

Trond-
heim
SCHWED
30
31
NORWEGEN
Bergen
Oslo
32

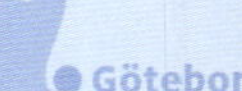

Malm
35
Edinburgh
Liverpool
VEREINIGTES
KÖNIGREICH
London
36

VEREINIGTES KÖNIGREICH

Außergewöhnliche Wanderwege

35 **Cairngorms-Nationalpark: Blair Castle Caravan Park** → S. 161

36 **Dartmoor-Nationalpark: Camping Woodland Springs Touring Park** → S. 165

BALTIKUM

Unvergessliche Naturerlebnisse und historische Streifzüge

37 **Nationalpark Lahemaa: Lepispea Caravan & Camping** → S. 170

38 **Nationalpark Gauja: Camping Lakeside** → S. 174

39 **Regionalpark Labanoras: Camping Mindūnai** → S. 178

40 **Naturpark Kurische Nehrung: Camping Nida** → S. 182

Zeichenerklärungen für die Ausflüge → S. 190

SKANDINAVIEN

Schroffe Inseln, tiefe Fjorde und das weite Meer prägen das Bild von Norwegen. Dabei faszinieren auch die hohen Berge, Gletscher, Seen und kargen Hochplateaus im Landesinneren. In Schweden locken ursprüngliche Wälder mit tiefen Tälern, moosbewachsene Felsen, Grotten und magische kleine Seen. Das Wattenmeer von Dänemark mit Deichen und Inseln hält eine reichhaltige Tierwelt und unendlich scheinende Strände bereit. Sand und Wind machen hier den besonderen Reiz aus.

NICHTS STÖRT DEN AUSBLICK VON DER INSEL RUNDE.

Nicht nur Vögel fühlen sich auf der Insel Runde wohl.

30 CAMPING GOKSØYR

★★☆☆☆

Geeignet für Wohnmobile, Caravans und Zelte, 50 Standplätze

▸ Goksøyrvegen 51, NO–6096 Runde

Tel. +47 70085905
GPS 62.404283, 5.625016

▪ pincamp.de/FG8800

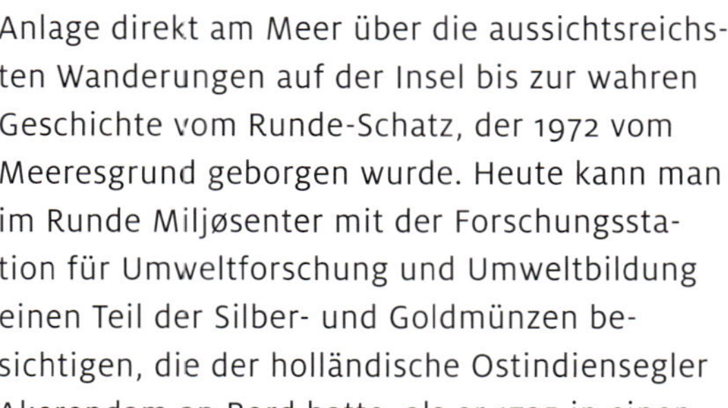

Insel des Glücks: Putzige Papageientaucher mit ihren weißen Bäuchen und bunten Schnäbeln haben auf Camping Goksøyr nicht nur einen Ehrenplatz als Fassadenschmuck an Mietunterkünften. In leibhaftiger Version sind sie Nachbarn der Urlauber im **Naturschutzgebiet Vogelinsel Runde**, die Kreuzworträtselfans als »Skandinaviens südlichste Brutkolonie für Seevögel« geläufig ist. Das stimmt zwar nicht ganz, aber jede Menge Vögel gibt es dennoch. Etwa eine halbe Million brüten jeden Sommer in den großen Vogelklippen des 6,4 Quadratkilometer kleinen, grünen Inselchens mit gerade einmal 150 Einwohnern.

Knut Asle Goksøyr, der aus einer alten Lotsenfamilie stammt, kennt jeden Winkel von Runde und gibt wie ein wandelndes Lexikon seinen Campinggästen jegliche Auskunft. Vom schönsten Stellplatz auf der einfachen, kleinen Anlage direkt am Meer über die aussichtsreichsten Wanderungen auf der Insel bis zur wahren Geschichte vom Runde-Schatz, der 1972 vom Meeresgrund geborgen wurde. Heute kann man im Runde Miljøsenter mit der Forschungsstation für Umweltforschung und Umweltbildung einen Teil der Silber- und Goldmünzen besichtigen, die der holländische Ostindiensegler Akerendam an Bord hatte, als er 1725 in einen

Sturm geriet, an den Klippen zerschellte und danach sank.

Meerblick ist am Camping Goksøyr fast überall inklusive. Für die Camper in erster Reihe, wie für die Gäste in den schmucken Holzhäuschen am Hang. Man sieht Schiffe vorbeiziehen, die ein Stück weiter nördlich Ålesund oder den Geirangerfjord ansteuern oder verlassen. Runde dagegen, das über den Eiksundtunnel und die Rundebrua zur Nachbarinsel Remøya gut erreichbar ist, liegt jenseits der üblichen Touristenrouten. Im Frühling und Sommer kommen Gäste vornehmlich wegen der brütenden Vögel hierher. Im Herbst ist die beste Zeit, das Polarlicht am Himmel tanzen zu sehen, und wer das Meer gern rau mag, der wird sich im Winter nicht sattsehen am Tosen der Wellen und der verschneiten Bergen. Zu jeder Zeit ist es ein Ort, um Ruhe und Natur zu genießen, sich über Möwengeschrei und das Glucksen des Wassers zu freuen und schon vom Frühstückstisch aus Austernfischer, Eider- und Brandenten zu beobachten. Mit etwas Glück auch Seeadler und Otter.

Einfach atemberaubend ist der Ausblick bei kla Sicht über das Meer und die Klippen.

Die etwa taubengroßen Papageientaucher fühlen sich auf ihrer Insel pudelwohl.

»Meerblick ist am Camping Goksøyr fast überall inklusive.«

Dass die Gewässer um Runde sehr fischreich sind, freut nicht nur die Vögel. Auch Angler finden hier beste Voraussetzungen. Wo genau, das wissen Knut und Inguna Abuce. So, wie sie auch die besten Tauchplätze kennen oder die schönsten Motive für Naturfotografen.

BESUCH BEI DEN KLEINEN PAPAGEIENTAUCHERN

Am schönsten ist es im Frühling, wenn die grasbewachsenen Hänge glänzen, als hätte man sie mit Leuchtfarben angemalt. Direkt von Goksøyr führt einer der Gipfelwege hinauf zum Plateau auf dem Rundebranden. Manchmal ist es ein bisschen moorig, aber immer aussichtsreich. Je höher man kommt, desto weiter wird der Blick, der vom Gipfel aus bis nach Eide auf Nordmøre reicht. Tief unten an der Küste brechen sich die Wellen an den Klippen, die voller Bruthöhlen sind. Ein Fernglas im Gepäck kann nicht schaden, wenn man einen Blick erhaschen möchte, was sich dort tut. Leicht mit bloßem Auge zu erkennen sind die grasenden Schafe und die vielen blühenden Blumen, für die es sich lohnt, auch einmal auf den Boden zu schauen. Den ersten Aussichtspunkt auf den Vogelfelsen hat man am Kaldekloven. Ein kleiner Abstecher zum Papageientaucher-Gebiet bei Lundeura lohnt sich auf jeden Fall. Zurück auf dem Rundweg breitet sich vor dem Aussichtspunkt Raudenippa Norwegens größte Vogelbrutklippe aus. Auch hier lohnt es sich, den Rundweg für einen Augenblick und einen Blick hinunter auf die Landzunge Langenes mit dem kleinen, weißen

Leuchtturm mit rotem Dach zu verlassen. Von Skarveura und Tinden schweift das Auge noch einmal über das Meer und die Insel, ehe sich die Runde Richtung Campingplatz schließt. Die besten Chancen, Vögel zu sehen, hat man an den langen Abenden von April bis Juli (www.hivens.no/lundesafari).

AUSFLÜGE IN DER NÄHE auf einen Blick

	Strecke	Schwierigkeit	Dauer
Wandern	7 km	Leicht	2 Std., Runde vom Campingplatz um den Rundebranden
Beobachten	Variabel	Leicht	2–3 Std., Seehundsafari am Campingplatz buchbar
Wasser	Variabel	Leicht	2 Std., Rundtour mit dem Kajak ab dem Campingplatz

Die Fischgründe vor der Insel Runde sind für Robben ein richtiges Paradies.

SEEHUNDE SEHEN

Oft muss man zweimal hinschauen, so gut getarnt liegen die Seehunde und Kegelrobben auf ihren Felsen im Meer. Aber meistens hilft Johann Moltu ohnehin schon vorab mit Tipps, dass seine Gäste auf der »Aguila« auch etwas zu sehen bekommen. Der erfahrene Lehrer und leidenschaftliche Naturfreund erzählt gar nicht schulmeisterlich, aber mit ansteckender Begeisterung, warum sich die Robben hier so wohlfühlen, wie sie tief unten im Meer ihre Nahrung finden und dabei mitunter 30 Minuten auf Tauchgang sind. Nahe an den grasbewachsenen Inselchen, den Grasøyane, fühlen sie sich wegen der nahen Fischgründe besonders wohl. Gebiet und Seehundkolonie stehen unter Schutz, und um den Tieren ihre Ruhe zu lassen, findet nur einmal täglich eine Bootssafari mit gebührendem Abstand statt. Wer mag, kombiniert sie mit Angeln. Eine Vogelbeobachtung gibt es ohnehin nebenbei.

EINMAL RUNDHERUM

Bei schönem Wetter und mit etwas Übung ist eine Paddeltour mit dem Seekajak eine besonders intensive Möglichkeit, sich Runde vom Wasser aus anzusehen. Wer dabei Vögel sehen möchte, sollte erst abends in See stechen, denn tagsüber sind die meisten weit draußen auf dem Meer zum Fischen. In der Abenddämmerung kommen sie zurück zu den Klippen. Eindrucksvoll ist eine Kajakrunde um die Insel, aber nicht nur wegen der Vögel. Allein die Mischung aus Wiesen, die sich bis ans Wasser erstrecken, und einer wild zerklüfteten Küste mit Grotten und Klippen ist eine eindrucksvolle Kulisse für einen besonderen Sport.

Auf Melkevoll Bretun Camping ist auf jedem Stellplatz der Bergblick inklusive.

31 MELKEVOLL BRETUN CAMPING

Geeignet für Wohnmobile, Caravans und Zelte, 70 Standplätze
Mitte April–Mitte Okt.
▶ Oldedalsvegen 2167, NO-6792 Briksdalsbre

Tel. +47 91519208
GPS 61.664916, 6.816362

■ pincamp.de/FG7000

Unter dem Gletscher campen: »Ich freue mich schon auf die Wanderung zum Gletscher«, sagt Thomas. Er sitzt mit anderen Campern am Lagerfeuer und hört sich voller Spannung ihre Tipps an. Der Campingplatz am Ende eines zerklüfteten Tals und unterhalb eines großen Gletschers ist der ideale Ausgangspunkt für Wanderer und Kletterer. Aber auch andere Urlauber fühlen sich hier wohl. Schon die Zufahrt durch Oldedalen am Fjord entlang ist ein Erlebnis und bietet herrliche Ausblicke auf tiefgrünes Wasser und Wasserfälle. Wenn die Straße nicht mehr weitergeht, ist das Ziel erreicht. Der liebevoll angelegte Melkevoll Bretun Camping ist außerordentlich schön gelegen und umgeben von hohen Bergen. Wohnmobile, Wohnwagen und Zelte stehen auf einem naturbelassenen, terrassierten Gelände mit Kiefern, Birken und niedrigem Buschwerk unterhalb einer Felswand, über die ein Wasserfall ins Tal fällt. Das ist der ideale Platz für eine Pause in der Hängematte. Die Gebäude sind an die Landschaft angepasst und mit Grassoden gedeckt. Wer nicht zelten will, kann auch eine der kleinen Hütten auf dem Gelände mieten. Der kleine Campingplatz befindet sich am Eingang des **Jostedalsbreen Nationalparks**. Dieser

AUSFLÜGE IN DER NÄHE auf einen Blick

Wandern	6 km	Leicht	2 Std., Rundtour ab Campingplatz
Wasser	7 km	Leicht	2 Std., Start am Campingplatz

wurde geschaffen, um die einmalige Gletscherlandschaft Norwegens zu schützen. Über die Hälfte der Fläche des Nationalparks wird durch einen riesigen Gletscher gebildet, der sich direkt oberhalb des Campingplatzes ausbreitet. Es ist der größte zusammenhängende Gletscher auf dem europäischen Festland. Dieser hat die Landschaft über Jahrtausende geformt. Auch seltene Pflanzen und Tiere gibt es hier. Vom Platz starten nicht zu schwere Wanderungen zu den Seitenarmen der Briksdal- und Brenndal-Gletscher. Zusätzlich gibt es Einstiege in Wandertouren mit herrlichen Aussichten. Kletterer finden ebenfalls ein gutes Revier. In den letzten Jahren hat sich eine aktive Kletterszene in der Region gebildet. Auf dem Campingplatz bieten mehrere große Felsen Gelegenheit zum Bouldern. Rund 60 Routen (Boulderprobleme) sind markiert. Matten und Führer können geliehen werden. Auch sonst gibt es hier alles, was sich Camper wünschen, und viele Möglichkeiten, miteinander ins Gespräch zu kommen. Picknicktische laden an den schönsten Stellen zum Verweilen ein. Im Café auf dem Platz gibt es Kleinigkeiten und leckere Waffeln. Und in der Grillhütte brennt am Abend immer ein Feuer, der ideale Platz für Begegnung und Austausch. Für schlechtes Wetter steht eine Gemeinschaftsküche zur Verfügung, und der gemütliche Aufenthaltsraum verfügt sogar über einen offenen Kamin. Ein besonderes Erlebnis ist es, sich nach dem Saunagang im Gletscherbach, der durch das Gelände fließt, abzukühlen. Im Sommer gibt es die Möglichkeit zur Teilnahme an Yogakursen.

Die Wanderung zum Gletscherarm Briksdalsbreen, die von hieraus startet, gehört zu den Höhepunkten eines Norwegenurlaubs. Dementsprechend kommen bei gutem Wetter viele Menschen ins Tal. Nicht belegte Stellplätze auf dem Campingplatz werden tagsüber als Parkplätze verwendet, aber am Abend und nachts haben die Camper den Platz und die Natur ganz für sich. Wer hier ist, sollte auch zur Aussichtsplattform oberhalb des Campingplatzes direkt unterhalb des Volefossen-Wasserfalls hinaufsteigen. Die Mühen werden mit einer weiten Aussicht zum Oldevatnet und Briksdalsbreen belohnt.

Immer am Wasser entlang und dabei stets die herrliche Aussicht genießen.

GLETSCHER HAUTNAH

Direkt vom Campingplatz startet die beliebte Wanderung zum Briksdalsbreen, dem westlichen Seitenarm des riesigen Gletschers Jostedalsbreen. Dieser hat eine Größe von 500 Quadratkilometern und ist der größte Gletscher auf dem Festland von Europa. Die gut ausgeschilderte Strecke ist einfach zu laufen, denn die Bauern der Region haben hier bereits vor über 100 Jahren einen Weg angelegt und Brücken gebaut. Allerdings geht es stetig bergan. Rund 150 Höhenmeter werden bis zum Ziel überwunden. Wer nicht hinauflaufen möchte, kann bis zur Grenze des Nationalparks mit einem der offenen Trollbusse fahren. Zu Fuß dauert es zwar etwas länger, dafür kann man die eindrucksvolle Landschaft besser genießen. Die Wanderung führt vorbei am Briksdalsbre Fjellstove mit Café und Souvenirgeschäft und weiter das Tal hinauf. Dabei folgt der Weg dem Gletscherbach durch wunderschöne Natur. Nach nicht zu kurzer Zeit kündigt sich mit lautem Getöse der Wasserfall Kleivafossen an. Eine massive Holzbrücke bietet die Gelegenheit, die gewaltigen Wassermassen zu beobachten, die von oben ins Tal hinabfallen. Die Gischt reicht bis zum Weg, der sich weiter den Berg hinaufschlängelt. Dabei gibt es immer neue Ausblicke auf den Wasserfall. Mit jedem Schritt erlebt der Wanderer die imposante Landschaft, die der Gletscher über Jahrtausende geschaffen und geformt hat. Noch zur kleinen Eiszeit, vom 15. bis ins 19. Jahrhundert, breitete sich der Gletscher bis ins Tal hinunter aus. Heute hat er sich stark zurückgezogen. Dann erreicht man den Jostedalsbreen Nationalpark. Der Pfad

»Vom Platz starten nicht zu schwere Wanderungen zu den Seitenarmen der Briksdal- und Brenndal-Gletscher.«

Eine Gletscherwanderung sollte man nur mit fachkundiger Führung und gut gesichert unternehmen.

wird schmal und führt durch ein Wäldchen. Auf dem Weg liegt Geröll, das der Gletscher hinterlassen hat. Und nach einer kleinen Anhöhe ist das Ziel der Wanderung, der Briksdal-Gletschersee, erreicht. Die rötlichen Felsen rundum sind durch die sich bewegende Gletscherzunge abgeschliffen. Eiskalt und glasklar ist das Wasser, das ständig aus dem Gletscher nachläuft. Inzwischen ist dieser stark abgeschmolzen und reicht nicht mehr bis zum smaragdgrünen Schmelzwassersee heran. Aus Sicherheitsgründen ist der Bezirk in Richtung Gletscherzunge abgesperrt. Aber auch so ist der Anblick beeindruckend. Die Wanderung ist sehr beliebt und gehört zu den Höhepunkten eines Norwegenurlaubs. Die beste Zeit ist deshalb der frühe Morgen oder der späte Nachmittag, ideal für Camper, die den Melkevoll Bretun Camping zur Übernachtung nutzen.

Das Landschaftserlebnis am Oldevatnet-See ist einzigartig.

MAGIE PUR

Ein unvergessliches Erlebnis ist eine Kajak- oder Kanutour auf dem tiefgrünen Oldevatnet-See, der durch das kristallklare Schmelzwasser des Gletschers gebildet wird. Hohe, steile Berge bilden die eindrucksvolle Kulisse. Wie schwerelos gleitet man über das Wasser, in dem sich Himmel, Berge und Wolken spiegeln. Es ist still, nur die Tropfen, die vom Paddel fallen, sind zu hören. Dazu kommen faszinierende Ausblicke. Auf den Kuppen rundum liegt fast das ganze Jahr Schnee. Und in der Ferne ist der Gletscher zu sehen, der mit seinen Bewegungen die beeindruckende Landschaft des Tals gestaltet hat. Mehrere große Wasserfälle stürzen über die Felsen in den See hinab, in der Gischt schillern die Farben des Regenbogens. Ein Stück weiter ziehen karge Bergwiesen und kleine Bauernhöfe mit grasenden Schafen den Blick auf sich. Hier ist eines der schönsten Täler in Norwegen, das seine ganze Pracht um einen herum entfaltet. Und das Boot bietet einzigartige Möglichkeiten, die Schönheit der Natur wahrzunehmen. Auf dem Wasser ist man wie der Zeit entrückt und dennoch mittendrin. Es ist eine atemberaubende Erfahrung, die Landschaft hautnah und aus einer ganz anderen Perspektive zu betrachten. Nur ein paar Kilometer vom Campingplatz kann man beim Café Yri Outdoor in Yrineset Kanus, Kajaks und Ruderboote inklusive Ausrüstung ausleihen. Und die Tour auf dem Wasser beschließt man zünftig mit einer frischen Waffel an einem der Tische am See und genießt noch einmal die spektakuläre Aussicht auf die Berge und das tiefgrüne klare Wasser (www.yrioutdoor.no).

Raus aus dem Zelt und den Blick aufs Wasser oder auf die Berge genießen.

32 CAMPING SÆBØ

★★½

Geeignet für Wohnmobile, Caravans und Zelte, 100 Standplätze

▶ Eidfjordvegen 151, NO–5784 Øvre Eidfjord

Tel. +47 53665927

GPS 60.42405, 7.123766

▪ pincamp.de/FG3800

Entspannung mittendrin: Baumlos ist diese Weite. Der Himmel spiegelt sich in den Seen. Auf den Wiesen wiegt sich das Gras im Wind und in der Ferne ist eine Schutzhütte zu sehen. Einsam und ursprünglich zeigt sich der **Hardangervidda-Nationalpark**. Er liegt auf einer Hochebene und ist das perfekte Ziel für alle, die das wilde Norwegen für sich entdecken wollen. Immerhin ist er der größte Nationalpark des Landes.

Idyllischer kann man eigentlich gar nicht campen. Wer aus Zelt oder Wohnmobil tritt, der blickt morgens als erstes auf den See Eidfjordvatnet und hört den Fluss Bjoreio rauschen. Steil ragen die Felswände auf, und sogar einen kleinen Sandstrand gibt es. Wenn das nicht paradiesisch ist! Wer die Angel dabeihat, wird vielleicht versuchen, eine Forelle zum Mittagessen zu fischen. Mutige nehmen ein kleines Bad oder stellen einfach den Campingstuhl direkt ans Seeufer. Und wenn doch mal Abwechslung gefragt ist: Unbedingt das Hardangervidda Naturzentrum besuchen, es informiert auf spannende und moderne Art und Weise über Flora und Fauna im Nationalpark.

Selten war es so einfach, mehr als 1000 Meter über dem Meeresspiegel zu sein. Die Hochebene des Hardangervidda befindet sich auf dieser Höhe und lässt sich leicht erreichen.

Der Hardangerjøkulen-Gletscher, dessen weiße Mütze auf den Bergen von fast jedem Punkt des Parks gesehen werden kann, mischt 354 Tage im Jahr den Schneeduft in die Luft. Die Eiszeit hat die Landschaft geformt, hat große Steine wie Murmeln beiseitegeschoben und eine Ebene erschaffen, die aus Mooren und Wiesen besteht. Bis heute speist der Gletscher viele kleine Flüsse und Seen und so ist es kein Wunder, dass Wasser das beherrschende Element im Park ist. Ein Ort, an dem sich auch die größte Rentierherde des Landes wohlfühlt, ebenso wie der scheue Polarfuchs übrigens.

Norwegen ist großzügig mit der Vergabe von Rechten, so darf jeder frei im Park umherwandern und sogar sein Zelt dort aufstellen. Jedermannsrecht halt. Das hilft, bei Mehrtagestouren direkt im Park zu bleiben. Komfortabler hingegen ist es auf dem Campingplatz Sæbø. Er hat alle Annehmlichkeiten, die man so braucht.

WASSERKICK

Diese Wanderung ist zwar kurz, endet aber spektakulär, denn sie führt zu Norwegens wohl berühmtestem Wasserfall, dem Vøringsfossen. Mit

Angler freuen sich, wenn ihnen ein guter Fang gelingt und frischer Frisch auf dem Speiseplan steht.

AUSFLÜGE IN DER NÄHE auf einen Blick

Strecke	Schwierigkeit	Dauer / Start
1,7 km	Leicht, aber rutschig	Variabel, Start am Parkplatz Storegjel
20 km	Leicht	3–4 Std., Rundkurs ab Bjoreidalen

seinen 183 Metern Fallhöhe gehört er zu den drei größten Wasserfällen Norwegens und ist vor allem in den Sommermonaten beeindruckend. Dann rauscht das Wasser in voller Wucht zu Tal. In der touristenarmen Zeit wird das Wasser für die Stromerzeugung genutzt und der Wasserfall gedrosselt, was aber seiner Schönheit keinen Abbruch tut. Der Wanderweg misst zwar nur knapp zwei Kilometer, aber es ist wichtig, dass die Wanderer gute Schuhe anziehen, denn wegen der Gischt sind die vielen Steine auf dem Weg oft glitschig und gefährlich. Das Highlight dieser Tour ist übrigens die kleine Hängebrücke am Ende, die einem das Gefühl gibt, in Tibet gelandet zu sein. Wem diese Wanderung noch nicht genug ist, der macht sich zur Panoramaplattform auf, von dort ergibt sich noch mal ein grandioser Überblick über das herabrauschende Wasser. Die Wanderung startet auch am Parkplatz an der Rv 7.

»Der Hardangervidda-Nationalpark ist das perfekte Ziel für alle, die das wilde Norwegen für sich entdecken wollen.«

WANDERGLÜCK

Einfach dem roten »T« folgen – das ist der Tipp für diese Tour. Gut 20 Kilometer führt sie durch den Nationalpark und eignet sich als ideale Route für alle, die den Park per Pedes erkunden möchten. Also Rucksack aufschnallen und los geht es. Proviant sollte selbstverständlich eingepackt werden, ebenso Insektenschutz, denn Schweiß lockt vor allem Mücken gern an. Dann aber heißt es nichts wie los. Vom Parkplatz aus folgen die Wanderer zunächst dem Flüsschen Svinto. Später führt die Route zu einer Jausenstation, doch die Preise haben es in sich, also Vorsicht. Vielleicht doch lieber das mitgebrachte Butterbrot am See Tinnhylen knabbern? Kleine Bäche werden gequert, immer wieder zeigt sich der Gletscher im Hintergrund. Die letzten Kilometer verlaufen auf einem Schotterweg zurück, bis das Auto wieder erreicht ist. Es kann sein, dass man dort auf Wohnmobilbesitzer trifft, die sich in diesem Paradies einen Platz zum frei Stehen gesucht haben. Übrigens: Die Strecke zum Bjoreidalen-Parkplatz ist mautpflichtig.

Das ist wahres Camperglück: Reißverschluss auf und die Morgensonne lacht.

Der Nationalpark Tiveden ist durchzogen von Wanderwegen.

STENKÄLLEGÅRDENS CAMPING TIVEDEN 33

★★★★

Geeignet für Wohnmobile, Caravans und Zelte, 87 Standplätze
▶ SE-54695 Karlsborg
Tel. +46 50560015
GPS 58.679566, 14.602683
■ pincamp.de/SW3850

Riesige Felsen im Urwald: Schon einmal einen Troll getroffen? Hier denkt man, ein solches Abenteuer wartet hinter jeder Ecke. Auf dem schmalen Landstreifen zwischen den großen Seen Vänern und Vättern liegt der kleine **Nationalpark Tiveden**. Dieser schützt eine außergewöhnliche Natur. Er besteht aus ursprünglichem und wildem Wald. So große zusammenhängende und alte Wälder kommen in Südschweden sonst nicht oft vor. Dazu kommen Risstäler, Grotten und magische kleine Seen. Große bemooste Felsblöcke, bis zu 10 Meter hoch, sind typisch, ebenso wie Felder aus Granitbrocken. Diese riesigen Steine hat das Inlandeis der Eiszeit hier abgeladen. Abseits von Siedlungen und Straßen entsteht in der spektakulären Landschaft ein regelrechter Urwald. Auf über 30 Kilometern ausgezeichneten Wanderwegen kann man den Nationalpark entdecken. Diese eignen sich für kurze Wanderungen und auch für einen längeren Aufenthalt, da man die Touren kombinieren kann. Um den See Stora Trehörningen verläuft der längste Wanderweg des Parks. Reit- und Fahrradwege führen rundherum.

AUSFLÜGE IN DER NÄHE auf einen Blick

Wandern	4,6 km	Mittel	2 Std., Start am Hauptplatz im Nationalpark
Ausflugsziel	21 km	Leicht	2 Std., Mai–Sept. ist das Schleusen der Schiffe zu sehen

Am besten erreicht man den Nationalpark mit dem eigenen Fahrzeug. An den drei Zugängen, Haupteingang, Vitsand und Ösjönäs, gibt es Parkplätze (tagsüber auch für Wohnmobile) und ausführliche Informationen über den Park und Möglichkeiten, diesen zu erleben. Dazu kommen Toiletten und schöne Picknickplätze.

Der Besuch in dem trotz seiner wilden Schönheit unbekannten Naturpark ist ein Höhepunkt für den Schwedenurlaub. Wie gut, dass es nur 10 Minuten entfernt einen Campingplatz gibt. Besonders Wanderer, Familien und Naturliebhaber fühlen sich hier wohl.

Der beliebte Stenkällegårdens Camping Tiveden besticht durch seine unmittelbare Lage am See Bocksjön. Hier stehen Camper mit schönem Blick aufs Wasser. Die Parzellen für Wohnwagen, Wohnmobile und Zelte befinden sich auf leicht geneigtem und terrassiertem Wiesengelände mit Bäumen und Sträuchern. Auch eine Reihe von Mietbungalows und Stugas wurden errichtet. Der kleine Sandstrand mit angrenzender Liegewiese ist von Schilfstreifen begrenzt. Ideal für Schwimmer sind der Badesteg und eine Badeinsel. Und auch auf dem Wasser ist es schön. Mit einem direkt am Platz gemieteten Boot verbringen Camper herrliche Stunden auf dem See. Durch seine Nähe zum Nationalpark ist der Campingplatz optimaler Ausgangspunkt für den Besuch. Dank eines Fahrradverleihs können Urlauber ihr Fahrzeug stehenlassen und dennoch die Umgebung aktiv erkunden. Der nahe gelegene Nationalpark ist in rund 15 Minuten erreicht.

Die Ausstattung des Campingplatzes umfasst Waschmaschinen und Wäschetrockner. Zum Angebot gehören die Entleerung von Kassettentoiletten sowie die Ver- und Entsorgung für Wohnmobile. Die Sanitäranlagen sind mit Babywickelraum und einer Kabine für Rollstuhlfahrer ausgerüstet. Im gemütlichen Aufenthaltsraum verbringen Camper gemeinsam gesellige Abende. Und ein gut sortierter Lebensmittelladen mit Brötchenservice und eine Gaststätte sind ebenfalls vorhanden. Im Winter verläuft neben dem Platz ein Skilift. Zusätzlich zum Nationalpark gibt es noch weitere attraktive Ziele in der Umgebung, weshalb sich der Campingplatz auch sehr gut für einen längeren Aufenthalt eignet.

Im Herbst beginnen die Tage am Vänern-See oftmals mit etwas Nebel über dem Wasser.

HEIMAT DER TROLLE

Die abwechslungsreiche Rundwanderung Trollkyrkorundan ist nicht zu lang, sehr abwechslungsreich und dennoch nicht überlaufen. Bei der Rundtour erleben Wanderer einige der Höhepunkte im Nationalpark. Immer wieder begegnet man großen, mit Moos bewachsenen Findlingen, klettert über und unter umgefallenen Bäumen und auf riesige geglättete Felsbrocken. Dabei hat man das Gefühl, gleich einen der Trolle zu treffen, denen der Weg seinen Namen verdankt. Wanderer starten vom Hauptparkplatz des Nationalparks Tiveden auf der rot markierten Route und folgen dabei dem Schild in Richtung Trollkyrkan (Trollkirche). Dabei freuen sie sich auf Ausblicke, Seen und Urwald mit Moosen und Rentierflechten. An der ersten Kreuzung geht es rechts. Über eine Treppe ist schon bald der erste Aussichtspunkt erreicht. Nächstes Ziel ist die Felsformation Trollkyrka. Der eindrucksvolle Ort soll nach Geschichten, die sich die Einheimischen erzählen, als Opferplatz genutzt worden sein, sogar noch bis zum 19. Jahrhundert. Er diente den Schiffern auf dem Vättern als Orientierungspunkt, die ihm auch den Namen »Kirche der Trolle« gaben. Der Weg führt daran vorbei oder darüber und erreicht eine Felswand. Nicht viel weiter ist die Lilla Trollkyrka (kleine Trollkirche) erreicht. Oben vom Felsen hat man einen Blick über die

»Seine Nähe zum Nationalpark Tiveden macht den Campingplatz zum optimalen Ausgangspunkt für den Besuch.«

Moose und Flechten überziehen Bäume und Felsen im Nationalpark Tiveden.

Wer auf dem Götakanal mit dem Segelboot unterwegs ist, muss warten, bis sich die Klappbrücke öffnet.

Baumwipfel bis zum Vättern. Das nächste Ziel ist der See Trollkyrkosjön, dessen Ufer der Wanderweg ein Stück folgt. Am Ufer wachsen wunderschöne Seerosen. Nicht viel weiter ist ein schöner Platz für eine Pause mit Blick auf den tiefblauen See, in dem sich Bäume und der Himmel spiegeln. An der nächsten Wegkreuzung geht es links ab. Nach etwas Auf und Ab und etwas Klettern ist der See Metesjön erreicht. Hier verläuft der Weg neben dem Wasser über Holzbohlen, damit Wanderer keine nassen Füße bekommen. Später reichen die glatten Felsen bis ans Ufer. Immer wieder bieten sich schöne Blicke. Als nächstes folgt der Grillplatz mit Toilette und Blick auf den See. Es ist einer der drei Plätze, auf denen man im Nationalpark nachts biwakieren darf. Brennholz ist vorhanden. Durch sehr ursprünglichen Wald geht es dann voller Eindrücke zurück zum Parkplatz. Für die Wanderung ist gutes Schuhwerk notwendig.

AUF UND AB AM GÖTAKANAL

Nicht zu weit vom Campingplatz entfernt gibt es die Möglichkeit, an der Schleuse von Forsvik (Forsvik sluss) den 1832 in Dienst genommenen Götakanal hautnah zu erleben. Die höchste und älteste Einzelschleuse am Kanal hat eine Fallhöhe von 3,5 Metern und verbindet diesen mit dem Vikensee. Von Mai bis September kann man den Schiffen beim Schleusen zuschauen. Dabei bewegt sich auch die historische Klappbrücke daneben. Die drei nostalgischen Kanalschiffe Juno, Diana und Wilhelm Tham sind an die schmalen Schleusen des Kanals angepasst. Auf den weißen Schiffen lassen sich seit mehr als 100 Jahren Reisende verwöhnen. Die kurzen Kreuzfahrten vermitteln ein Stück schwedisches Lebensgefühl. Wenn sie die Schleuse passieren, ist dies immer ein besonderes Erlebnis. Den Besuch an der Schleuse sollte man mit einem Spaziergang am älteren Teil des Kanals und Kaffee und Kuchen im Café, das sich im alten Lotsenhaus befindet, abrunden. Auch ein schöner Badeplatz befindet sich in der Nähe.

Auf dem Rømø Familie Camping kann man sich seinen Stellplatz aussuchen.

RØMØ FAMILIE CAMPING 34

★★★

Geeignet für Wohnmobile, Caravans und Zelte, 295 Standplätze
▸ Vestervej 13, DK–6792 Toftum

Tel. +45 74755154
GPS 55.16265, 8.548266

■ pincamp.de/JV2300

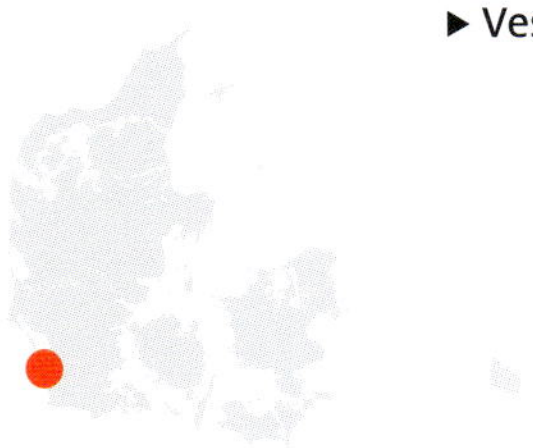

Ab auf die Insel: Die größte Insel im Wattenmeer liegt mitten im **Nationalpark Vadehavet**, dem mit 1459 Quadratkilometern größten Nationalpark Dänemarks, der seit 2009 gleichzeitig Weltnaturerbe ist. 80 Prozent ist Wattfläche, der Rest Landgebiet mit den Inseln Rømø, Mandø, Fanø und Langli sowie einigen Regionen auf dem Festland, wie etwa Ribe- und Tonderner Marsch. Schon die Anreise nach Rømø auf dem 9,2 Kilometer langen, zwischen 1939 und 1948 errichteten Rømødæmningen macht Spaß. Flankiert von Wiesen, auf denen windzerzauste Schafe grasen, führt er vom jütländischen Festland auf die Insel, die hinter eher unscheinbarer Fassade eine Vielzahl von Möglichkeiten bietet, hier einen kurzweiligen Urlaub zu verbringen.

Man kann den Deich entlangradeln, den prunkvollen Kronleuchter im Inneren der Clemenskirche bewundern, auf deren Friedhof die Grabsteine an die Kapitäne erinnern, die zum Wal- und Seehundfang in die Arktis fuhren und den Reichtum Rømøs begründeten, oder im Labyrinth-Park versuchen, den Durchblick zu behalten. Auf dem extrem breiten Lakolk-Strand darf man sogar mit dem Auto fahren. Aber vorsicht, nicht überall ist der Untergrund fest genug. Hier ist viel

Platz zum Sandburgen bauen, Garnelen fangen und Drachen steigen lassen – nicht nur zum großen Drachen-Festival im September.

Eine Drachenwiese gibt es auch auf dem Rømø Familie Camping, der sich im Norden, umgeben von Heide, in ein leicht bewaldetes Areal schmiegt. Ein Teil der Plätze ist parzelliert. Auf dem Campinggelände kann man frei wählen, wo man seine Zelte aufschlagen möchte. Man muss nur darauf achten, den feuerpolizeilichen Mindestabstand von drei Metern zum Nachbarn zu halten. Dazu gibt es idyllische Bungalows mit weiß umrandeten Fenstern, überdachter Terrasse und wahlweise mehr oder weniger Komfort.

Pferdebegeisterte können von einem der Reiterhöfe in der Nähe aus einen Ausritt unternehmen, und nicht nur Kulturinteressierte wird das Nationalmuseum im Kommandørgaarden begeistern, das nur einen kurzen Spaziergang vom Campingplatz entfernt ist. Allein das stattliche Backsteingebäude unter einem reetgedeckten Dach ist imposant. Drinnen lässt es nicht nur die Vergangenheit lebendig werden. Besonders eindrucksvoll ist das Skelett eines gestrandeten Pottwals, das in der Scheune eine Idee von der gewaltigen Größe dieses Meeressäugers gibt.

Ein anderer Kommandeurhof ist Tønnisgård. Hier haben Naturcenter und Nationalparkbüro ihre Heimat und einen sehr lebendigen Erlebnisort für alle Generationen eingerichtet. Von hier aus starten Exkursionen, und man kann viel erfahren. Etwa über das eindrucksvolle Erlebnis der »Schwarzen Sonne«, wie man die Formation der Millionen Stare nennt, die sich jedes Jahr im Frühling und im Herbst über Rømø sammeln.

DIE SEGEL IM WIND

Achtung Suchtgefahr! Das sagen alle, die es schon einmal ausprobiert haben. Für Strandsegeln und alle anderen Varianten des Segelns an Land sind die breiten Flächen im Süden der Insel ein ideales Terrain, weil die Windrichtung hier kaum eine Rolle spielt, wie anderswo an schmalen Stränden. An einem Teil des Sønderstrands veranstaltet nicht nur der Rømø Strandsejler Club regelmäßig Regatten, die spannend zu beobachten sind. Einsteiger können mit einem Blokart ausprobieren, wie sich das anfühlt. Helm auf, Gurt angelegt und schon kann es losgehen. Gesteuert wird mit einer Lenkstange ähnlich wie beim Fahrrad. Die Geschwindigkeit regelt man über den Anstellwinkel des Segels. So kann man richtig losdüsen, aber auch ganz schnell zum Stehen kommen (www.roemoe.de/aktivitaeten/strandsegeln-blokart).

Es macht großen Spaß, mit einem Strandsegler über den Sand zu flitzen.

MIT DEN FÜSSEN IM MATSCH

Schuhe und Strümpfe ausgezogen und Hosenbeine hochgekrempelt. Das ist die schönste Art, das Wattenmeer zu erleben, weil man es nicht nur sieht, sondern auch spürt und dabei vielleicht noch ein Stück aufmerksamer wird, was sich da am Boden alles tut, wenn man darauf achtet, wohin man barfuß tritt. An der Sturmflutsäule in Havneby beginnen die Touren mit den engagierten Führerinnen und Führern aus dem Naturcenter Tønnisgård, die einem nicht nur genau erklären können, was da auf dem Meeresboden alles

»Auf dem Lakolk-Strand ist viel Platz zum Sandburgen bauen, Garnelen fangen und Drachen steigen lassen.«

Auf einer Wanderung durch das seichte Wasser kann man herrlich seinen Gedanken nachhängen.

AUSFLÜGE IN DER NÄHE auf einen Blick

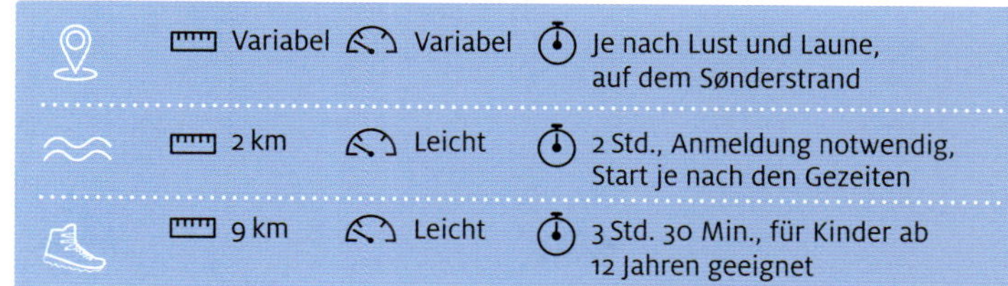

	Länge	Schwierigkeit	Dauer
(Ort)	Variabel	Variabel	Je nach Lust und Laune, auf dem Sønderstrand
(Watt)	2 km	Leicht	2 Std., Anmeldung notwendig, Start je nach den Gezeiten
(Wanderung)	9 km	Leicht	3 Std. 30 Min., für Kinder ab 12 Jahren geeignet

kreucht und fleucht. Sie können auch viele spannende Geschichten über das Leben in dieser besonderen Landschaft erzählen. Da wird der würzigsalzige Queller direkt in den Mund gepflückt, genau beobachtet, wie Krabben nicht nur vorwärts, sondern auch seitwärts laufen und gekichert, wenn ein Borstenwurm auf der Handfläche kitzelt.

Für alle, denen es barfuß unangenehm oder zu kalt ist, gehen natürlich auch Wattwanderungen in Gummistiefeln. Auch wenn man an manchen Stellen aufpassen muss, dass man nicht plötzlich ohne dasteht, wenn die Stiefel im Watt steckenbleiben. Lust auf mehr? Wie wär's mit Garnelen fangen am Lakolkstrand – und direkt am Meer essen – oder einer Austerntour (www.roemoe.de/aktivitaeten/wattwanderung, www.tonnisgaard.dk/de/touren-und-aktivitaeten/wattwanderung-roemoe)?

IMMER DEN STRAND LANG

Egal wie das Wetter ist – ob stahlblauer Himmel, wilde Wolkenformationen, die sich im Wasser spiegeln, oder Wind, der die Haare zerzaust. Eine Strandwanderung gehört zu den intensivsten Erlebnissen auf Rømø. Dort, wo zwischen Sønderstrand und Lakolk Autos keinen Zugang zum Strand haben, ist viel Platz, um die besondere Landschaft zu erleben. Hier liegt nicht nur Nordeuropas breitester Sandstrand, sondern auch Dünen und Salzwiesen. Mit etwas Glück kann man Seehunde sehen. Auf jeden Fall aber viel Kleingetier, wo das Meer auf den Strand ausläuft und winzige Blüten, die der salzigen Meerluft trotzen.

Wo der Dünendurchbruch den Strand mit der dahinter gelegenen Lagune verbindet, liegt die sogenannte »Schlachtbank«. Der Name stammt von einer Springflut, die den in den Salzwiesen weidenden Tieren den Rückweg ans Land versperrte. Um zumindest das kostbare Fleisch zu retten, schlachteten die Bauern im peitschenden Sturm ihr Vieh und sicherten sich so zumindest das Fleisch. Ökologisch betrachtet ist der Dünendurchbruch ein extrem vielfältiger Lebensraum.

Langsam geht die Sonne über dem Meer unter und taucht das Wasser in goldenes Licht.

VEREINIGTES KÖNIGREICH

Die Berge, Seen, Moore, Flüsse, Wälder und das etwas rauere Klima machen den besonderen Reiz des schottischen Hochlands aus. Hier stehen die höchsten Berge des Vereinigten Königreichs und warten darauf, bestiegen zu werden. Die Hügellandschaft von Dartmoor in der englischen Grafschaft Devon ist lieblicher. Dort faszinieren auf den Hügeln die Granitfelsen, die ihre typische Form durch Regen und Wind erhalten haben.

EINFACH MAL PAUSE MACHEN: HIER IM DARTMOOR-NATIONALPARK

Der Blair Castle Caravan Park liegt mitten in den Highlands und ist von Wald umgeben.

35 BLAIR CASTLE CARAVAN PARK

Geeignet für Wohnmobile, Caravans und Zelte, 272 Standplätze
▶ Blair Atholl,
GB–PH18 5SR Highland/Western Isles

Tel. +44 1479861285
GPS 56.7679, -3.8442

■ pincamp.de/SC3700

Fürstlich campen: »Was für eine Aussicht«, freut sich Sabine. Sie hat gerade ihren Camper eingeparkt und schaut glücklich um sich. Der von ihr ausgewählte Campingplatz liegt in einer wunderschönen Berg- und Waldlandschaft am Rand des **Cairngorms-Nationalparks** in der Nähe von Pitlochry und mitten in den Highlands. Wohnwagen, Wohnmobile und Zelte stehen mit weitem Abstand zueinander auf einem leicht geneigten, welligen Rasengelände mit alten Bäumen. Auch Hunde sind auf dem außergewöhnlich gepflegten Campingplatz willkommen. Das großzügige Gelände ist von Wald umgeben und gehört zu den Ländereien von Blair Castle, das sich direkt nebenan befindet. Das prächtige Schloss ist Sitz der Dukes und Earls von Atholl, wird noch bewohnt und kann besichtigt werden. Die dazugehörenden Atholl-Ländereien bestehen aus Hügeln, Wäldern und Freiflächen und sind frei zugänglich. Unter anderem gibt es über 80 Kilometer gekennzeichnete Fahrrad- und Wanderwege durch schönste Natur. Seit 2010 gehört das weitläufige Gelände zum Cairngorms-Nationalpark. Cairngorms, zwischen Inverness und Perth, ist der größte Nationalpark in Großbritannien. Er schützt Berge, Seen, Moore, Flüsse

AUSFLÜGE IN DER NÄHE auf einen Blick

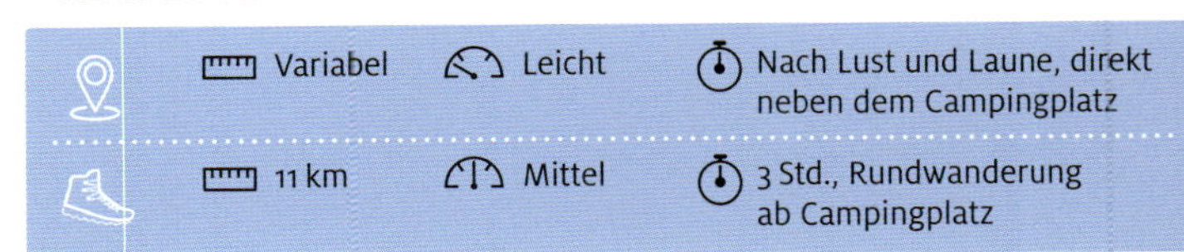

	Variabel	Leicht	Nach Lust und Laune, direkt neben dem Campingplatz
	11 km	Mittel	3 Std., Rundwanderung ab Campingplatz

und Wälder. Der Name des Parks bedeutet übersetzt »blaue Hügel«. Denn so erscheint die Landschaft zu bestimmten Zeiten und Lichtverhältnissen. Bergsteiger finden hier fünf der höchsten Berge der Insel und fast 50 Munros. Das sind schottische Berge, die höher als 3000 Fuß (914,4 m) sind. Es ist ein Sport, diese zu »sammeln«, also so viele von ihnen wie möglich zu besteigen. Aber Vorsicht, das Wandern in den Highlands verlangt besondere Vorkehrungen und Erfahrung. Für Kletterer ist der Nationalpark ebenfalls ein beliebtes Revier und bietet Routen verschiedener Schwierigkeitsgrade. Viele davon sind nicht präpariert und Sicherungen müssen selbst mitgebracht und wieder entfernt werden, eine besondere Herausforderung. Die Cairngorms sind ein beliebtes Skirevier. Auch im Sommer kann auf den Hochlagen

»Eine wunderschöne Berg- und Waldlandschaft am Rand des Cairngorms-Nationalparks mitten in den Highlands«

Durch den Cairngorms-Nationalpark führen abwechslungsreiche Wanderwege.

Im Schnee sind die Hasen auf den weiten Flächen des Cairngorms-Nationalparks gut getarnt.

Schnee liegen. Dazu kommen seltene Pflanzen und Tiere. Unter anderem leben im Nationalpark Schneehasen, Steinadler und Wildkatzen. Viele der klaren Flüsse sind beliebt fürs Lachse angeln. Der Sternenhimmel in dieser Region ist durch die geringe Lichtverschmutzung einer der schönsten in Großbritannien. Auf dem Blair Castle Caravan Park gibt es alles, was Camper brauchen und noch mehr. Die Versorgungs- und Entsorgungsstation für Wohnmobile ist vorbildlich. Dazu kommen fünf beheizte Sanitärgebäude, Picknickbänke auf dem ganzen Gelände und ein Kinderspielplatz. Jugendliche nutzen gerne das Spielzimmer mit Billard. Lebensmittelladen, Brötchenservice, Camping- und Freizeitartikelladen, Waschsalon und eine Fahrradvermietung stehen ebenfalls zur Verfügung. Das traditionelle Highlanddorf Blair Atholl liegt direkt nebenan. Hier gibt es Geschäfte, Restaurants und ein uriges Pub.

LEBENDIGES MÄRCHENSCHLOSS

Der Campingplatz gehört zum Blair Castle und befindet sich in dessen direkter Nachbarschaft. Camper erhalten ermäßigten Eintritt ins Schloss und die dazugehörenden weitläufigen Gärten. Das ursprünglich als Burg im 13. Jahrhundert erbaute prächtige weiße Schloss mit Zinnen und Türmen wurde mehrfach umgebaut. Es ist in Privatbesitz und wird noch bewohnt. Blair Castle ist Sitz der Dukes und Earls von Atholl. Über mehr als 700 Jahre lebt die Familie bereits hier.

Ein Teil des historischen Gebäudes ist öffentlich zugänglich und präsentiert in 30 prächtig ausgestatteten Räumen schottisches Leben vom 16. Jahrhundert bis zur Gegenwart. Zu sehen sind zahlreiche Kunstgegenstände und eine umfangreiche Waffensammlung. Das Schloss und die Familie sind eng mit der schottischen Geschichte verbunden. Unter anderem waren Maria Stuart und Bonnie Prince Charlie zu Gast. Und auch Königin Victoria und Prinz Albert wohnten hier. Zur vollen Stunde spielt ein Dudelsackspieler vor dem Schloss.

Im 18. Jahrhundert wurde der Park rund um das Schloss angelegt. Unter anderem gibt es einen großen ummauerten Garten im georgianischen Stil (Hercules Garden), einen bewaldeten Hain mit seltenen alten Bäumen, eine Kirchenruine und ein Hirschgehege. Auch dafür sollte man sich genügend Zeit nehmen. Eine Besonderheit in Blair Atholl sind die Atholl Highlanders, eine der letzten privaten Armeen in Europa. Am letzten Maiwochenende sind sie bei einer Parade zu Ehren des Dukes zu sehen. Dann finden auch die Atholl Gathering & Highland Games statt. Sie bieten eine gute Gelegenheit, schottische Kultur mit Dudelsackgruppen, Tanzwettbewerben oder Baumstammwerfen zu erleben.

Blair Castle ist ein altehrwürdiger Adelssitz, den schon das britische Königshaus besuchte.

HIGHLANDS PUR

Die Rundwanderung führt entlang des River Tilts durch die schöne Landschaft des schottischen Hochlands. Start ist direkt am Campingplatz. Diesen verlässt man und wendet sich nach links in Richtung der Brücke. Vor dem Fluss nehmen Wanderer links den Weg am Fluss entlang, dabei kommt man an der Rückseite des Campingplatzes vorbei. Der Weg führt zur Straße in Old Bridge Tilt, die man überquert und geradeaus den gelb markierten Pfad weitergeht. Dieser folgt wieder dem Fluss. An der Wegkreuzung geht man links und wandert der gelben Markierung nach. Auf diesem Stück gibt es immer wieder schöne Blicke ins Glen Tilt. Nach einer Weile geht es wieder auf den Fluss zu.

An der Gilberts Brücke ist die Hälfte der Wanderung erreicht. Hier verlässt man die gelbe Markierung, wechselt auf die andere Seite des Flusses und biegt dort nach rechts ab. Nach rund 200 Metern nimmt man den Trampelpfad nach oben und erreicht einen Wanderweg. Hier geht es nach rechts weiter. Oberhalb des Flusses folgen Wanderer wieder der gelben Markierung. Nach rund 3 Kilometern biegt man an der Straße rechts ab und folgt dieser entlang der Häuser von Fenderbridge und Middlebridge und gelangt nach Old Bridge Tilt. Von hier geht es wieder am Fluss zurück zum Campingplatz. Achtung, an bestimmten Tagen kann die Route wegen Schießübungen gesperrt sein.

Der Camping Woodland Springs Touring Park punktet mit seiner guten Ausstattung.

36 CAMPING WOODLAND SPRINGS TOURING PARK

★★★

Geeignet für Wohnmobile, Caravans und Zelte, 61 Standplätze
▶ Venton, GB–EX6 6PG Drewsteignton

Tel. +44 1647231695
GPS 50.70558, -3.85093

■ pincamp.de/SE5000

Ruhe und Natur: »Dartmoor ist ein wunderbares Reiseziel. Und von hier sind wir schnell überall«, sind sich Maria und Peter einig. Am Nordrand des **Dartmoor-Nationalparks** und nicht weit von der Autobahn A 30 haben die Camper den äußerst gepflegten und ruhigen Camping Woodland Springs Touring Park gefunden. Dieser ist schön gelegen und umgeben von Bäumen und bewirtschaftetem Hügelland. Den ganzen Tag wird man vom Zwitschern der Vögel begleitet.

Woodland Springs eignet sich für einen kurzen oder längeren Aufenthalt. Es werden nur Erwachsene aufgenommen. Wohnmobile, Wohnwagen und Zelte stehen auf einem ebenen, durch Büsche und unterschiedlich hohe Laubbäume gegliederten Wiesengelände. Die Standplätze in verschiedenen Größen für Fahrzeuge bis 9 Meter Länge sind überwiegend gekiest. Dazu gibt es kleine Holzhütten und einen Grillplatz mit Picknickbänken. Waschmaschinen, Trockner, für Rollstuhlfahrer geeignete Sanitäranlagen und ein kleiner Laden stehen zur Verfügung. Hundefreundlich zeigt sich der Campingplatz mit einem großen eingezäunten Auslauf. Die nächste größere Stadt ist Exeter, die über die Autobahn erreicht wird. Aber auch die kleinen Orte Okehamp-

AUSFLÜGE IN DER NÄHE auf einen Blick

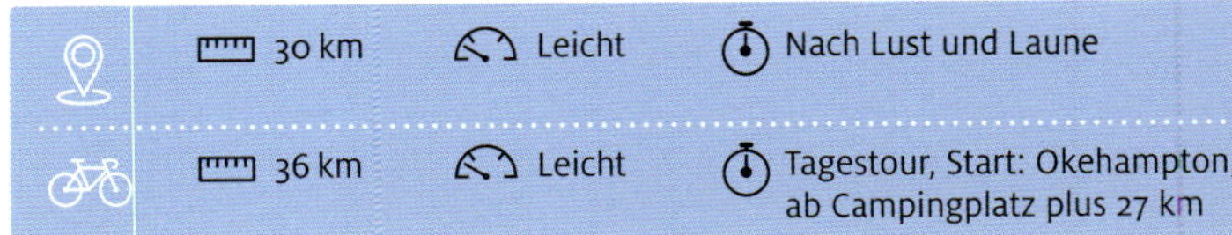

ton und Tavistock in der Nähe des Campingplatzes haben Charme. Durch die Lage im Dartmoor, rund 10 Minuten Fahrt von den höheren Moorgebieten entfernt, ist hier ein hervorragender Stützpunkt für die Erkundung des Nationalparks mit seiner besonderen Flora und Fauna und einem Reichtum an archäologischen Überresten. Das ehemalige Jagdgebiet der englischen Könige wurde 1951 zum Schutzgebiet erklärt. Die mystische Landschaft mit weiten Moorflächen, Wäldern und tiefen Flusstälern ist auch bei schlechtem Wetter beeindruckend.

Die Tors im Dartmoor-Nationalpark entstanden durch Witterungseinflüsse.

Der Nationalpark bietet eine große Vielfalt verschiedener Wandermöglichkeiten. Über 700 Kilometer Wanderwege sind erschlossen. Darunter sind auch für Gehbehinderte geeignete Strecken. Ein Erlebnis ist auch eine Wanderung durch die Lydford Gorge, die tiefste Schlucht im Südwesten von Großbritannien, mit einem 30 Meter hohen Wasserfall. Bereits Mitte des 19. Jahrhunderts startete im Dartmoor »Letterboxing«. Dabei wird ein Brief oder eine Karte in einem Gefäß versteckt, das entdeckt werden muss. Hinweise gibt es über eine Webseite und ein jährlich erscheinendes Handbuch. Zusätzlich gibt es Möglichkeiten zum Geocaching, bei dem GPS verwendet wird. Radfahrer finden ideale Bedingungen auf dem »Granite Way«, dem »Drake's Trail« und verschiedenen Radrouten im Haldon-Wald. Aber auch eine Fahrradtour ins Blaue durchs Dartmoor lohnt sich. Informationen zum Nationalpark und den vielfältigen möglichen Aktivitäten im Dartmoor gibt es in den Besucherzentren in Princetown, Postbridge und Haytor.

FELSEN MIT BLICK

Tors heißen die berühmten Ansammlungen von Granitsteinen auf Erhebungen. Mehr als 160 davon gibt es in Dartmoor. Combestone Tor ist die am besten erreichbare Steinformation im Nationalpark. Die Granitfelsen befinden sich auf einem Hügel und bieten einen spektakulären Blick über das Moor. Die Tors haben durch ständige Erosion ihre Form erhalten. Lose Einzelblöcke und geschichtete Formationen mit senkrechten und horizontalen Kluftscharen (Öffnungen) in unterschiedlichsten Formen sind zu sehen. Schon die Anfahrt zum kleinen Parkplatz an der schmalen Straße zwischen Two Bridges und Ashburton ist ein Erlebnis. Auch die halbwilden Ponys, für die

Dartmoor bekannt ist, lassen sich hier beobachten. Bis zu den Felsen sind es nur rund 100 Meter. Wer noch mehr sehen möchte: Vom Parkplatz starten viele schöne Wanderungen.

GRANITE WAY

Der ausgezeichnete Radweg verläuft im Nordwesten des Nationalparks zwischen Okehampton und Lydford. Er ist fast frei von Motorverkehr und folgt auf 18 Kilometern zum großen Teil dem ehemaligen Verlauf der Southern Region-Eisenbahntrasse. Unterwegs bieten sich herrliche Ausblicke auf die im Dartmoor typischen Granitfelsen. Start ist am Bahnhof in Okehampton, rund 13,5 Kilometer vom Campingplatz entfernt. Den lebendigen Ort erreichen Fahrradfahrer über schmale Straßen mit nicht zu viel Verkehr. Von hier aus folgt der Radweg der Bahnlinie nach Meldon. In Richtung Norden gibt es Ausblicke auf die Burg von

»Die mystische Landschaft mit weiten Moorflächen, Wäldern und tiefen Flusstälern ist bei jedem Wetter beeindruckend.«

Das Auf und Ab macht eine Radtour durch den Dartmoor-Nationalpark so abwechslungsreich.

Okehampton. Im Süden erhebt sich High Willhays, mit 621 Metern der höchste Punkt im Dartmoor. Nach etwas mehr als 3,5 Kilometern ist das spektakuläre Meldon-Viadukt mit Bahnhof und Café erreicht. Die 165 Meter lange Stahlbrücke wurde 1874 gebaut. Bei gutem Wetter reicht der Blick nach Norden bis Exmoor. Ein paar Hundert Meter westlich des Viadukts gibt es die Möglichkeit, über eine kleine Straße in Richtung Meldondamm und den gleichnamigen Stausee mit schönen Picknickplätzen abzubiegen. Der Radweg folgt weiter der Eisenbahnlinie und passiert einen tiefen Einschnitt. Bei der Weiterfahrt nach Westen sind die charakteristisch geformten Felsen von Sourton Tors gut zu sehen. Die Aussicht und dafür angelegte Granitsitze machen Lust auf eine Pause. Auch frei laufende Pferde können auf der Strecke sein. Am Lake-Viadukt, von dem es ebenfalls wunderbare Blicke auf das Umland und das Moor gibt, biegt die Route rechts ab und folgt der Straße durch Bridestowe. Vorsicht ist beim Überqueren der Hauptstraße A 386 geboten. Danach geht es weiter über ruhige Strecke nach Lydford. Hier sind die normannische Burg und die Lydford-Schlucht lohnende Ziele. Der Granitweg ist Bestandteil des National Cycle Network (NCN), das 12 000 Meilen (ca. 19 312 km) Radwege umfasst. Er ist in der NCN Route 27 aufgenommen.

Die halbwilden Dartmoor-Ponys leben völlig fr im Nationalpark.

BALTIKUM

In Estland faszinieren die Moore und satten Farben der Grasflächen. Lettland mit dem Flusslauf der Gauja, der sich durch die waldige Landschaft schlängelt, verspricht liebliche Auenlandschaften und schroffe Felswände, die sich nah an das Wasser drängen. In Litauen fällt die Wahl schwer, welcher der tiefblauen und klaren Seen, in denen sich Himmel und Wolken spiegeln, wohl der schönste ist. Angeln, Wassersport, Wandern oder Radfahren – das Baltikum bietet so viele Möglichkeiten.

HOLZSTEGE FÜHREN ÜBER DAS MOOR IM NATIONALPARK LAHEMAA.

Bunte Gras- und Schilfflächen liegen zwischen den Seen im Nationalpark Lahemaa.

LEPISPEA CARAVAN & CAMPING 37

Geeignet für Wohnmobile, Caravans und Zelte, 200 Standplätze
▶ Lepispea 3, EE–45501 Loksa, Võsu
Tel. +37254501522
GPS 59.576083, 25.9359

■ pincamp.de/ES400

Mehr als Meer: »Hier sind wir in der Nähe des Meers und der Natur ganz nahe«, beschreibt Matthias. Der Lepispea Caravan & Camping liegt mitten im schönen **Nationalpark Lahemaa**. Das Naturschutzgebiet im Norden von Estland, direkt an der Ostsee, ist ein bedeutendes Waldreservat und schützt Ökosysteme aus Wald, Küste und Sumpf. Die vergangenen Eiszeiten haben die Landschaft geformt. Eine Besonderheit in der Region ist auch die Vielfalt der vorkommenden Findlinge. Gletscher haben sie aus Skandinavien bis hierher transportiert. Typisch in Lahemaa sind Strände, Moore, Kiefernwälder und Küstenwald. Dazu kommen Steilküste und tiefe Einschnitte. Der südliche Teil des Nationalparks ist Heimat von Braunbären, Elchen und Luchsen. Das Besucherzentrum befindet sich in Palmse, in den Stallungen des ehemaligen Herrenhauses.

Das ebene und großzügige Wiesengelände des Campingplatzes liegt schön im dichten Küstenwald und wird durch einen natürlichen, baumbestandenen Wassergraben geteilt. Viel Grün und hohe Bäume umschließen das weite Gelände Zum Meer und Naturstrand sind es nur ein paar Schritte. Das Wasser ist sehr flach und deshalb eher zum Plantschen als zum Schwimmen geeignet. Wohnmobile, Wohnwagen und Zelte stehen locker auf der ganzen Fläche verteilt. Die Ausstattung des Platzes ist zweckmäßig. Neben dem Sanitärgebäude gibt es eine Küche und eine Waschmaschine. Dazu kommen eine Feuerstelle und ein kleiner Spielplatz. Durch die Lage und die Anbindung an verschiedene Wander- und Radwege eignet sich der Campingplatz sehr gut als Basis für die Erkundung des Nationalparks.

Wer vor der Ankunft nicht zum Einkaufen gekommen ist, findet das Wichtigste nicht weit weg. Das Dorf Võsu befindet sich nur einen Kilometer entfernt. Hier gibt es einen Laden und eine Gaststätte. Ab der Mitte des 19. Jahrhunderts wurde der Ort mit den pittoresken bunten Holzhäusern zum Badeort. Gründe sind der feinsandige lange Strand am Finnischen Meerbusen und das warme Wasser in der geschützten Bucht. Käsmu, das wegen der ehemaligen Seeschifffahrts-Schule, die sich hier fast 50 Jahre befand, auch Dorf der Kapitäne genannt wird, ist fünf Kilometer entfernt. Auch hier gibt es schöne Holzhäuser und vor allem das größte Findlingsfeld in Estland. Bis zu 4,8 Meter hoch sind die Felsen, die auf einem natur- und kulturgeschichtlichen Wanderweg erreicht werden. Die gleichnamige Halbinsel ist ein echtes Kleinod. Ein schöner Wanderweg führt an der Küste entlang.

MITTEN IM MOOR

In der Gemeinde Kuusalu lässt sich auf dem Viru-Moor-Lehrpfad eine Besonderheit der Landschaft des Nationalparks erleben. Das für Estland typische kleine Hochmoor entstand nach der letzten Eiszeit in einer Senke durch das Abschmelzen des Gletschers. Das dabei hervorgetretene Wasser bildete einen See, der vor rund 5000 Jahren zu verlanden begann. Das so entstandene Moor können Besucher auf einem etwa sechs Kilometer langen Rundweg erwandern. Unterwegs geben Informationstafeln Auskunft zur Entstehung von Mooren, der dort vorkommenden besonderen Vegetation und der Nutzung durch den Menschen. Start ist am Parkplatz an der Straße, die von der Tallinn-Narva-Straße nach Loksa abbiegt. Hier ist Platz für etwa zehn Fahrzeuge. Zu Beginn folgt man der weiß-grünen Markierung über einen Schotterweg und biegt nach wenigen Hundert Metern links ins Moor ab, das man über schmale Bohlenwege durchquert. Nach etwa einem Kilometer erreicht man den markanten Aussichtsturm aus Holz, von dem man einen guten Blick über

Vorsicht – nasse Füße. Nach Regenfällen können die Holzbohlen glitschig sein.

das Moor hat. Besonders eindrucksvoll sind die verschiedenen Farben. Dann folgt man dem Weg weiter. Immer wieder gibt es Aussichtsplattformen und Informationstafeln. Bis 1985 wurde im Viru-Moor Torf gestochen. Ein Bohlenweg neben der Brücke führt zum Rand des ehemaligen Frästorf-felds. Achtung, hier kann es glitschig sein. Zurück am Hauptweg folgt man diesem weiter. Am Ende des Bohlenwegs geht es an der Wegkreuzung links ab. Zurück folgt man dem Weg oberhalb des Moors auf dem Kamm ehemaliger Sanddünen und nimmt dann wieder den Schotterweg rechts zum Parkplatz. Bis zum Aussichtsturm kann der Weg auch mit Kinderwagen und Rollstuhl befahren werden.

LEBENDIGE GESCHICHTE MITTEN IM NATIONALPARK

Hier kann man einen ganzen Tag verbringen. Der Gutshof mitten im Nationalpark Lahemaa ist die erste Gutshofanlage in Estland, die komplett renoviert wurde. Damit wurde nach der Gründung des Nationalparks begonnen. Die historischen Gebäude erstrahlen in neuem Glanz, ebenso die dazugehörenden Gärten und Parks. Ein Schmuckstück ist das Herrenhaus aus dem 17. und 18. Jahrhundert das original wiederhergestellt und

»Typisch im Nationalpark Lahemaa sind Strände, Moore, Kiefernwälder und Küstenwald.«

Von den Aussichtsplattformen aus sieht man, wie viele Seen sich in der Moorfläche verstecken.

AUSFLÜGE IN DER NÄHE auf einen Blick

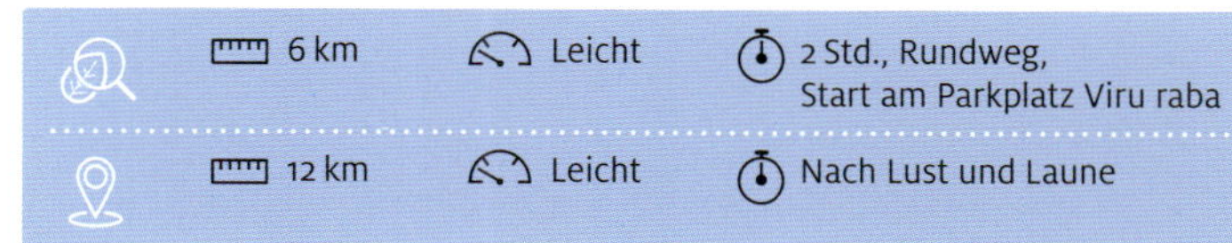

eingerichtet wurde. Hier erhält man einen guten Einblick in das Leben des baltischen Adels. Auch die Angestellten in Kostümen des 18. Jahrhunderts, die den damaligen »Alltag leben«, tragen dazu bei, dass Geschichte wieder lebendig wird.

Im Mittelalter gehörte das Land dem Frauenkloster St. Michael in Tallinn. Ab 1510 wird ein Gutshaus dokumentiert, damals wahrscheinlich noch aus Holz. 1676 bis 1919 befand sich Palms (so der deutsche Name) in den Händen der Deutsch-Baltischen Adelsfamilie von der Pahlen, die es immer weiter ausbaute. Neben dem Herrenhaus sind mehrere Nutz- und Lustgebäude erhalten. Brennerei, Pflanzenhaus, Schmiede, Scheunen und der Park mit Schwanenteich, Badehaus und typischen romantischen Pavillons zeugen von Einfluss und Reichtum. Eindrucksvoll ist auch die prächtige Orangerie mit Palmen und exotischen Pflanzen. In der ehemaligen Brauerei werden typisch estnische Spezialitäten wie Mehlsuppe oder verschiedene Fischgerichte serviert. Das zur Anlage gehörende Hotel ist gemeinsam mit dem Gelände eine beliebte Hochzeitslokation. In den ehemaligen Stallungen erfährt man im Nationalparkzentrum mehr zur Region und den geschützten Ökosystemen (www.palmse.ee).

Das Herrenhaus aus dem 17. und 18. Jahrhundert zeigt, wie der baltische Adel zu dieser Zeit lebte.

Den Camper abstellen in nur einem Meter Entfernung vom Wasser.

CAMPING LAKESIDE 

★★☆☆☆

Geeignet für Wohnmobile, Caravans und Zelte, 40 Standplätze
Anf. März–Ende Okt.
▸ Kalnabeites, LV–2150 Sigulda

Tel. +37127152155
GPS 57.13088, 24.86435
▪ pincamp.de/LV660

Kleines Paradies: Lettlands ältester und größter Nationalpark wurde 1973 gegründet und schützt eine einzigartige Natur. Die Landschaft zwischen Murjāņi und Valmiera wird durch das Urstromtal des Flusses Gauja geprägt. Dieses entstand vor 300 bis 370 Millionen Jahren und ist bis zu zweieinhalb Kilometer breit. Charakteristisch sind Sandsteine in Grau, Gold und Rot. In diesen haben sich mehrere außergewöhnliche Höhlen ausgewaschen. Auch malerische Felsen und Klippen sind typisch. Der Felsen Sietiņiezis ist der größte freigelegte Sandstein im Baltikum, sehenswert sind auch der Zvārtes-Felsen und die Līču-Laņģu-Klippen. Der Flusslauf und die schönen Sandsteinformationen lassen sich besonders gut vom Boot aus erleben, das man an verschiedenen Stellen mieten kann. Dazu gibt es mehrere Aussichtsplattformen. In den Wäldern gibt es seltene Pflanzen, Vögel und Tiere. Besonders schön ist die malerische Landschaft im Herbst, wenn sich die Blätter färben. Im Frühling blühen die Traubenkirschen in strahlendem Weiß. Der Fluss mäandert durch ein altes Kulturland. Im Altertum diente die Gauja dem Stamm der Liven und den ebenfalls hier lebenden Lettgallen als Handelsweg. Neben der

Natur spielt deshalb auch die Kultur eine wichtige Rolle im **Nationalpark Gauja**. Unter anderem gibt es eine Reihe von Burgen und Herrensitzen. Ein Highlight in Sigulda ist die Seilbahn über die Gauja mit magischen Ausblicken.

»Wir sind wegen des Nationalparks da und haben diesen paradiesischen Platz gefunden«, freut sich Sabine. Sie campt zusammen mit ihrem Mann etwas außerhalb von Sigulda sehr naturnah und doch unweit der Zivilisation an einem kleinen See. Vom schön gelegenen Camping Lakeside ist der Nationalpark Gauja nur 10 Minuten entfernt. Der engagierte Besitzer kümmert sich um jeden Gast und gibt Tipps, wo und wie man diesen am besten erleben kann. Das teils ebene, teils leicht geneigte, naturbelassene Wiesengelände am Matiņu-See wird auf einer Seite von Wald begrenzt. Zelte, Wohnmobile und Wohnwagen stehen mitten im Grünen und mit herrlichem Blick aufs Wasser. Hunde sind ebenfalls willkommen. Im Wald wurde eigens eine Hunderunde geschaffen. Der liebe-

In der Herbstsonne erstrahlen die Bäume im Nationalpark Gauja in den schönsten Farben.

voll angelegte Platz bietet einen Kinderspielplatz, eine Waschmaschine, Picknickplätze und einen Grill. Holz gibt es dazu. Für Zeltcamper sind mehrere überdachte Sitzplätze über den Platz verteilt. Zugang zum Wasser bietet ein schmaler Grasstreifen mit Badesteg am sonst mit Schilf bewachsenen Ufer. Daran schließt eine kleine Liegewiese an. Einen besonderen Zauber hat der Morgen, wenn der Dunst über dem See steht. Und in den klaren Nächten lassen sich zahlreiche Sternschnuppen beobachten. Da bleiben die Camper gerne länger als geplant.

AUSFLÜGE IN DER NÄHE auf einen Blick

	Strecke	Schwierigkeit	Dauer / Start
Wanderung	5 km	Leicht	2 Std. 30 Min., Start bei Līgatne oder im Nationalpark
Ausflugsziel	8,5 km	Leicht	Nach Lust und Laune, Parkplatz vor der Burg

AUF DEN SPUREN GROSSER UND KLEINER TIERE

Die Naturschutzbehörde unterhält im Wald bei Līgatne und direkt im Naturpark Naturlehrpfade verschiedener Schwierigkeitsgrade. Neben der Entdeckung der imposanten Landschaft des Gauja-Tals mit hohen Bäumen, Wiesen, Schluchten und Felsen, können Wanderer in weitläufigen Gehegen einheimische Wildtiere beobachten. Elche, Hirsche und Rehe, ebenso wie Bären,

Im Nationalpark sind auch Galloway-Rinder unterwegs, die friedlich zwischen den Bäumen grasen.

Die Burg Treyden in der Nähe von Sigulda ist eine beliebte Sehenswürdigkeit in der Region.

»Zelte, Wohnmobile und Wohnwagen stehen mitten im Grünen und mit herrlichem Blick aufs Wasser.«

Luchse oder Eulen leben in möglichst naturnahen großen Anlagen, sodass für die Beobachtung Geduld und Glück notwendig sind. Treppen, Stege und angelegte Waldwege mit Aussichtspunkten und Informationstafeln führen durch das Gebiet und an den Gehegen vorbei. Der große, 25 Meter hohe Aussichtsturm wird aktuell renoviert. Tickets und Informationen gibt es im Besucherzentrum am Eingang. Zum Gelände gehören auch ein großer Spielplatz im Wald, Sinnesstationen und verschiedene Picknickplätze. Bei der Anfahrt fährt man ein Stück an der Gauja entlang. Außerhalb und innerhalb des Geländes führen Pfade zu sehenswerten Sandsteinfelsen des Urstromtals direkt am Fluss.

AUS DER VERGANGENHEIT LETTLANDS

Eine der beliebtesten Sehenswürdigkeiten in Lettland ist der Museumskomplex Turaida, der rund fünf Kilometer von Sigulda mitten im Nationalpark liegt. Mehr als 1000 Jahre Geschichte werden rund um die imposante Burg Treyden lebendig. Die Liven hatten hier bis ins 13. Jahrhundert ihr Zentrum. Sie gehören zur Urbevölkerung des Landes. In diese Zeit fällt auch der Beginn des Baus der Steinburg, in der die Bischöfe aus Riga residierten. Sie wurde immer weiter aus- und umgebaut. Ende des 18. Jahrhunderts brannte die Burg aus. Sie wurde verlassen und verfiel zur Ruine. Im 20. Jahrhundert begannen Ausgrabungen und Untersuchungen. Die rekonstruierten Gebäude beherbergen heute ein Museum. Vom Turm hat man einen herrlichen Blick auf das Tal der Gauja. Mit zum Komplex gehört auch eine liebevoll restaurierte Holzkirche aus dem 18. Jahrhundert auf dem Kirchenhügel. Sie ist eine der ältesten Kirchen dieser Art in Lettland. Daneben sind 21 Gebäude des Landguts von Turaida zu besichtigen. Dazu gehört auch eine lebendige Schmiede. Und auch der Volksliedhügel mit riesigen Skulpturen ist Bestandteil der sehenswerten Anlage.

Bei schönem Wetter sind die Sitzgelegenheiten draußen ein beliebter Treffpunkt.

CAMPING MINDŪNAI 

★★

Geeignet für Wohnmobile, Caravans und Zelte, 120 Standplätze
▶ LT–33201 Mindūnai
Tel. +37060600017
GPS 55.220316, 25.55995
■ pincamp.de/LT830

Von Wasser umgeben: »Sehr erfrischend«, scherzt Mike. Er war gerade Baden und freut sich auf den ersten Kaffee. Am Morgen steht der Dunst über dem See und die Landschaft erscheint wie verzaubert. Dazu kommt der frische Duft von Pinien. Der beliebte Campingplatz im Osten von Litauen liegt am Ufer des Lakajai-Sees mitten im Naturschutzgebiet. 70 Seen bilden den **Regionalpark Labanoras**, der als einer der schönsten Orte in Litauen gilt. Das von der Eiszeit geformte Gelände ist zusätzlich von drei Flüssen und 30 Bächen durchflossen und damit ein einmaliges Feuchtgebiet. Lachs laicht in der Region, Elche, Fischotter und Biber leben hier. Und auch Camper kommen der Natur ganz nahe. Wer die Zufahrt über die wellige Sandstraße zum Camping Mindūnai nimmt, befindet sich am Ende mitten im duftenden Kiefernwald. Wohnmobile, Wohnwagen und Zelte stehen auf einer Lichtung auf welligem und geneigtem Wiesengelände. Einige der Standplätze sind geschottert. Keile sind von Vorteil. Auf dem Campingplatz gibt es eine Ver- und Entsorgung, Gemeinschaftsküche, Waschmaschine und Wäschetrockner sowie eine Sauna. Besonders beliebt sind die Stellplätze vorne am See mit Picknickbänken und Feuerstellen, in denen am Abend die Feuer brennen. Aber auch alle anderen Camper haben

Zugang zum Wasser. Ruderboote, Kanus und Kajaks stehen für die Gäste bereit. Ein Steg führt weit auf den See hinaus, ideal zum Angeln oder für einen Sprung ins kühle Nass. Ein Lieblingsplatz ist auch die Bank auf der kleinen Terrasse über dem See im Schilf. Von hier aus lässt sich das magische Farbenspiel über dem See und den Baumkronen bei Sonnenuntergang besonders gut beobachten. Nicht lange danach entfaltet sich der weite Sternenhimmel. Der Himmel und der ungestörte Blick in die Sterne sind ein Erlebnis. Denn die Luft ist klar und kaum Lichter stören den Anblick. Deshalb gibt es ganz in der Nähe auch mehrere Sternwarten. Direkt vom Campingplatz bieten Forststraßen und Pfade durch den Wald und an den Seen entlang gute Möglichkeiten, die Natur im Regionalpark zu erleben. Ein Muss ist auf jeden Fall der Aufstieg auf den schlanken 36 Meter hohen Mindūnai-Aussichtsturm (der höchste in Litauen) direkt neben dem Campingplatz. Die Aussicht von der Aussichtsplattform geht weit über Seen und Wälder. Von hier aus ist die Einmaligkeit der Landschaft besonders gut zu erkennen.

MYSTIK DES LABANORAS-WALDS

Der Naturlehrpfad Ščiūrys Horn (Ščiūrio ragas) bietet Wanderern die Möglichkeit, die einzigartige Halbinsel zwischen dem weißen und schwarzen Lakajai-See zu erkunden. Dabei geht es auf Forststraßen und schmalen Pfaden durch einen lichten Kiefernwald und oberhalb des Steilufers entlang. Immer wieder bieten sich herrliche Aussichten aufs Wasser und die Landschaft. An den engsten Stellen sogar in beide Richtungen. Den sehr gut ausgeschilderten Lehrpfad durch einmalige Natur findet man schräg gegenüber dem Campingplatz am anderen Ufer des Sees. Interaktive Tafeln geben spannende Informationen über die Halbinsel und die einmalige Landschaft des Regionalparks Labanoras. Kleine Rätsel sorgen für Abwechslung. An den schönsten Stellen stehen Bänke für eine Pause. Und immer wieder bieten sich unterwegs Möglichkeiten für ein erfrischendes Bad in kleinen verzauberten Buchten (Badesachen nicht vergessen). Durch das einmalige Mikroklima zwischen den Seen wachsen hier auch ungewöhnliche und seltene Pflanzen. Besonders im Frühjahr und Herbst erwartet Wanderer ein buntes Farbenmeer.

AUSFLÜGE IN DER NÄHE auf einen Blick

	Strecke	Schwierigkeit	Dauer
Wanderung	8 km	Mittel	Variabel, Start: Parkplatz Ščiūrio Ragas Nature Walk
Ausflugsziel	2 km	Leicht	1 Std. 30 Min.

Die Aussicht vom Mindūnai-Aussichtsturm über den Regionalpark Labanoras ist einzigartig.

Und auch die Vogelwelt ist reich. Wanderer beobachten mit etwas Glück Graureiher, Kormorane oder Fischadler. Schön ist der Abstecher auf die kleine Halbinsel Cibaragi, ein Kleinod der Natur. Sehenswert ist auch die zweistämmige Kiefer am Beginn des Wegs. Für die Anfahrt fährt man einmal um den See herum. Wer von Molėtai kommt, biegt in Inturkė sofort links ab (Kertuoja). Am Beginn des Wegs gibt es einen kleinen Parkplatz. Gutes Schuhwerk und Insektenschutz sind empfehlenswert.

FISCHEREI ZU FRÜHEREN ZEITEN

Fische spielten schon in der Vergangenheit eine wichtige Rolle im Naturpark. In zwei traditionellen Holzgebäuden im kleinen Ort Mindūnai direkt neben dem Campingplatz dreht sich alles um die Fischerei in den Seen der Region. Die ethnografische Sammlung aus fast 900 Exponaten rund um Angeln und Fischfang wurde liebevoll zusammengestellt. Das älteste Ausstellungsstück ist ein über 500 Jahre altes Boot, das in einem der Seen gefunden wurde. Dazu kommen bei der

Kormorane haben an den fischreichen Seen im Regionalpark Labanoras ihre Jagdreviere.

Der Lakajai-See ist bei Wassersportlern sehr beliebt. Ruderboote, Kanus und Kajaks stehen für die Gäste bereit.

Fischerei im 19. Jahrhundert verwendete Ausrüstung und Gegenstände, Netze, Reusen, Haken und Angeln. Ein original eingerichtetes Fischerhaus mit angrenzender Räucherhütte vermittelt einen Einblick ins Leben der Menschen, die vor 200 Jahren in der Region gelebt haben. Auf dem Feuer kocht eine leckere Fischsuppe, die man unbedingt probieren sollte. Dazu kommen Informationen zu den in den umliegenden Seen lebenden Fischen. Das Fischereimuseum ist Teil des Regionalmuseums Molėtai, das aus mehreren Standorten besteht. In einem anderen Gebäude befindet sich eine Jagdausstellung mit den Trophäen eines bekannten litauischen Jägers. Er hat dem Museum 120 ausgestopfte Vögel und Tiere geschenkt, die er auf fünf Kontinenten erlegt hat. Diese wurden gekonnt in Szene gesetzt.

»70 Seen bilden den Regionalpark Labanoras, der als einer der schönsten Orte in Litauen gilt.«

Gerade einmal 10 Minuten zu Fuß sind es zum Strand von Camping Nida aus.

CAMPING NIDA 

★★½

Geeignet für Wohnmobile, Caravans und Zelte, 100 Standplätze
Anf. April–Ende Okt.
▶ Taikos 45a, LT–93121 Neringa-Nida

Tel. +37046952045
GPS 55.298733, 20.982883
■ pincamp.de/LT030

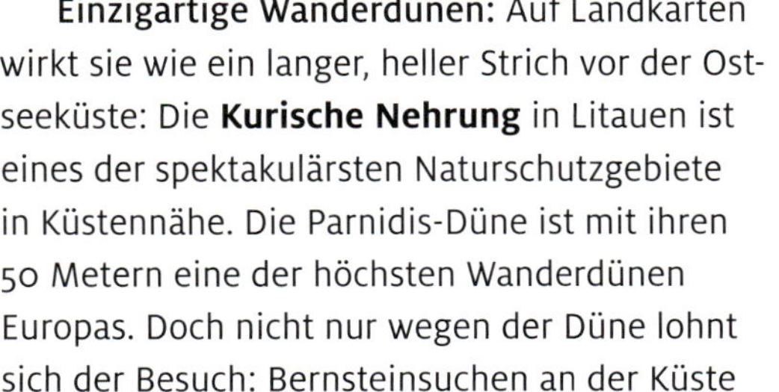

Einzigartige Wanderdünen: Auf Landkarten wirkt sie wie ein langer, heller Strich vor der Ostseeküste: Die **Kurische Nehrung** in Litauen ist eines der spektakulärsten Naturschutzgebiete in Küstennähe. Die Parnidis-Düne ist mit ihren 50 Metern eine der höchsten Wanderdünen Europas. Doch nicht nur wegen der Düne lohnt sich der Besuch: Bernsteinsuchen an der Küste oder lange Strandwanderungen sind dort besonders schön.

Der längste Strand Europas befindet sich nicht etwa in Frankreich oder Dänemark. Nein, er verbindet Litauen und Russland: Die Kurische Nehrung ist auch als die nordische Sahara bekannt. Das liegt nicht nur an dem feinen Sand, der sich bis an den Horizont zieht. Es liegt vor allem an den Wanderdünen, die ein einzigartiges Bild ergeben. Berge aus Sand, die sich wie ein Wall aus feinem Spielplatzsand direkt hinter dem Wellensaum auftürmen. Die Parnidis-Düne ist sogar eine Berühmtheit und belohnt den Aufstieg mit einem wunderbaren Ausblick über das Meer bis hin nach Kaliningrad. Die Besteigung der Düne gehört ebenso zum Pflichtprogramm in Nida wie ein Besuch bei den vielen Bernsteinläden. Immerhin steckt die Ostsee dort

AUSFLÜGE IN DER NÄHE auf einen Blick

Wanderung	14 km	Leicht	2 Std. 30 Min, Camping Nida–Stovėjimo aikštelė
Ort	Variabel	Leicht	Nach Lust und Laune

voll von dem harten fossilen Harz. Das wird spätestens beim Bummel durch die Fischerdörfer deutlich, wenn vor den Geschäften massenhaft Bernsteinketten hängen.

Der Bummel durch Dörfer wie Pervalka oder Juodkrantė ist ein Genuss für die Augen, denn die vielen bunten Fischerhäuser gibt es nicht nur in Nida. Dennoch bleibt Nida mit dem Sommerhaus des Dichters Thomas Mann und der Geschichte als Künstlerkolonie der wichtigste Ort der Kurischen Nehrung. Gut, dass der Campingplatz genau dort liegt. Es sind gerade einmal 10 Minuten zu Fuß zum Strand und der Platz bietet einen guten Ausgangspunkt für Wanderungen und Radtouren in den Nationalpark. Übrigens gibt es ja nicht nur die litauische Seite der kurischen Nehrung, sondern auch die russische. Doch nur wenige Gäste beantragen ein Visum für den Besuch des russischen Teils der Nehrung.

Ostpreußische Sahara wurde dieser Landstrich einst genannt, viel Geschichtliches lernen Besucher in den Museen und den Gaststätten. Niemals aber kommen Sport und Naturaktivitäten zu kurz. Bei Kitesurfern ist die Gegend ebenso beliebt wie bei Vogelbeobachtern. Immerhin hat sich in den Wanderdünen ein ganz besonderes Ökosystem gebildet und einige der seltensten Vogelarten Europas leben hier, darunter der Seggenrohrsänger. Aber auch Seeadler und sogar Elche lassen sich dort häufiger blicken. Also unbedingt Fernglas einpacken.

IMMER AM STRAND ENTLANG

Ein Strandspaziergang ist ja an sich schon etwas Schönes. Selten kommt man ohne Strandgut zurück. Mal ehrlich: Eine schöne Muschel, ein runder Stein oder Treibholz wandern schnell mal in die Tasche. Noch schöner wäre es aber, wenn dort echter Bernstein hineinflutscht. An den Stränden der Kurischen Nehrung ist die Wahrscheinlichkeit auch hoch, Bernstein zu finden. Doch Vorsicht ist geboten: Die honiggelben Steinchen könnten auch Phosphorstückchen sein, die aus dem Zweiten Weltkrieg übrig geblieben sind und nach wie vor an den Strand angeschwemmt werden. Phosphor ist äußerst gefährlich! Also lieber die nicht sammeln.

Einfach am Campingplatz starten und durch die Dünen ans Meer spazieren. Wer am Ostsee-

Es könnte Bernstein sein, aber auch gefährliche Phosphorstücke sehen so aus: Also lieber nicht anfassen oder sammeln!

ufer nach rechts abbiegt, läuft nicht Gefahr, zu dicht an die russische Grenze zu kommen. Und dann einfach den Blick schweifen lassen. Möwen zählen, diesen wunderschönen Spaziergang am Meer genießen und den Wellen zuhören.

DRACHEN STEIGEN LASSEN

Auf der Kurischen Nehrung weht fast immer eine steife Brise. Ideal zum Drachen steigen lassen. Also den Lenkdrachen auspacken und los geht es. Wenn es mal immer so einfach wäre. Der ideale Ort für Lenkdrachen ist der Strand. Dort stehen keine Bäume oder Hochspannungsleitungen, in denen sich das Flugobjekt verfangen könnte. Nun heißt es noch eben, die Windrichtung checken. Finger kurz befeuchten und in den Wind halten. Dort wo es schnell sehr kühl wird, daher weht der Wind. Diesen lässt man sich beim Drachen steigen lassen am besten in den Rücken wehen. Der Drachen liegt vor einem und die Leinen zeigen nach oben? Dann ist alles richtig. Jetzt beginnt der schwierige Part. Leine abwickeln und langsam den Drachen in die Luft befördern. Nun die Leinen immer schön straff halten, erst, wenn der Drache landen soll, gibt man Leine nach, sodass sie schlapp wird. Dann sollte er zu Boden sinken. Ideal sind übrigens Windstärken zwischen 3 und 6, um den Flugdrachen gut lenken zu können. Alles darüber sollte man Profis überlassen.

Bei dieser Aussicht sind die Hausbesitzer sicherlich oftmals zu Hause.

An der Kurischen Nehrung liegen viele Dünen, deren Besteigung sich der Aussicht wegen lohnt.

REGISTER

REGISTER

BILDNACHWEIS

Umschlag vorne: Shutterstock; Anton Petrus/Getty Images
Umschlag hinten: Shutterstock

Karten: Shutterstock

Adventure Camp Schnitzmühle: 8l, 29 – **Aigüestortes Camping Resort:** 80, 81 – **Andrea Lammert**/privat: 192 – **Blair Castle Caravan Park:** 161 – **Camp Rizvan City:** 117 – **Camping Al Plan – Dolomites:** 67 – **Camping Apollon:** 132 – **Camping Bardenas:** 84 – **Camping De Lakens:** 47, 48 – **Camping El Redondo Picos De Europa:** 76 – **Camping Lac Murighiol:** 129, 130 – **Camping Lakeside:** 174 – **Camping Le Deffay:** 52 – **Camping Le Roustou:** 63 – **Camping Le Viaduc Ardèche:** 59 – **Camping Lima Escape:** 88 – **Camping Mindunai:** 178, 179 – **Camping Nida:** 182 – **Camping Parco Dei Castagni:** 71 – **Camping Sæbø:** 149 – **Camping Woodland Springs Touring Park:** 165 – **Dieter's Camping Tiszafüred:** 107 – **Etno Kuca Pod Okicem:** 114 – **Euro Air Camp:** 100 – **Getty Images:** Francesco Bergamaschi: 10-11; imageBROKER/Daniel Schoenen: 56; imageBROKER/Hans Blossey: 58; Oleh_Slobodeniuk: 136-137 – **Heidi Siefert**/privat: 192 – **HUBER IMAGES:** 17; Andreas Vitting: 23; Francesco Carovillano: 14; Frank Lukasseck: 16, 35; Reinhard Schmid: 9l, 24, 39, 128 – **imago:** 28; imagebroker: 36 – **Katja Hein**/privat: 192 – **Kemping Bystrina:** 103 – **laif:** Bernd Jonkmanns: 22; Jörg Modrow: 20 – **lookphotos:** Bernard van Dierendonck: 40; Wolfgang Ehn: 37 – **mauritius images:** Alamy/Jorge Garcia: 6; Ernst Wrba: 32; Gerhard Wild: 33 – **Mazur Syrenka:** 97 – **Melkevoll Bretun Camping:** 145 – **Nationalpark Camping Andrelwirt:** 34 – **Naturcamp Pruchten:** 15 – **Rømø Familie Camping:** 156 – **Shutterstock:** 4l, 5l, 8r, 9r, 18, 19, 21, 27, 41, 46, 49, 50, 64, 66, 70, 72, 74, 75, 77, 78, 79, 82, 85, 89, 98, 105, 108, 109, 112, 116, 118, 120, 121, 122, 123, 126, 127, 135, 146, 148, 158, 160, 167, 169, 170, 171, 172, 173, 175, 177, 181, 183, 185 – **stock.adobe.com:** 2, 4r, 25, 26, 30, 31, 42-43, 51, 53, 54, 55, 57, 60, 61, 62, 65, 68, 69, 73, 83, 86, 87, 90, 91, 92-93, 96, 99, 101, 102, 104, 106, 110, 111, 113, 115, 119, 124, 125, 131, 133, 134, 141, 142, 143, 144, 147, 150, 152, 153, 154, 155, 157, 159, 162, 163, 164, 166, 168, 176, 180, 184 – **TCS Camping Scuol:** 38 – **www.plainpicture.com:** 5r, 140, 151

LEGENDE

Zeichenerklärung Campingplätze

 Strandnähe

 Brötchenservice

 Schwimmbad

 Restaurant

 Shopping

 Kinderfreundlich

 Hund erlaubt

 Internet

Zeichenerklärung Ausflüge – Fakten auf einen Blick

Distanz/Strecke

   Leicht/Mittel/Schwer Schwierigkeitsgrad

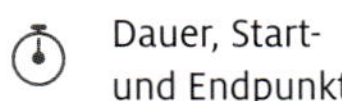 Dauer, Start- und Endpunkt

Zeichenerklärung Ausflüge

WANDERUNG
Ob Strandspaziergang oder Bergtour: Wer zu Fuß unterwegs ist, der hat Zeit zum Genießen.

RUND UMS WASSER
Mit Paddelboot, Kanu oder Floß: Von Flüssen und Seen aus sieht man die Welt aus einem ganz neuen Blickwinkel!

FAHRRADTOUR
Adrenalin auf dem Mountainbike und Entspannung pur beim Familienausflug mit dem Drahtesel.

NATURERLEBNIS/LEHRPFAD
Moore, Wälder, Stein-Fossilien – diese Pfade durch die Natur sind Achtsamkeit pur.

TIERBEOBACHTUNG
Wölfe, Braunbären, Affen: Mitten in der Natur ist man nie allein unterwegs.

ERLEBNISORT
Von der Salzgrotte über den Dinosaurier-Park bis zum Hochseilgarten: Hier gibt es was zu erleben!

Postfach 86 03 66, 81630 München

powered by ADAC

Markenlizenz der ADAC Camping GmbH, München

ISBN 978-3-98645-068-7

1. Auflage 2023

Autorinnen:
Katja Hein (Plätze 3, 4, 14, 17, 18, 29, 31, 33, 35–39), Andrea Lammert (Plätze 2, 6, 10, 12, 19–26, 28, 32, 40), Heidi Siefert (Plätze 1, 5, 7–9, 11, 13, 15, 16, 27, 30, 34)

Verlagsredaktion und Projektmanagement: Melanie Loser

Lektorat: Susanne Maute, mcp concept GmbH

Satz und Kartografie: mcp concept GmbH

Korrektorat: Ralf J. Klumb | The Wordworms

Schlusskorrektur: Richard Schumm

Bildredaktion: Nora Goth, Dr. Nafsika Mylona

Umschlaggestaltung: Independent Medien Design, Horst Moser, München; Birgit Kohlhaas

Herstellung: Felix Robitsch

Repro: Repro Ludwig, Zell am See

Druck und Bindung: Printer Trento S.r.l.

Ein Unternehmen der
GANSKE VERLAGSGRUPPE

Wichtiger Hinweis

Die Daten und Fakten für dieses Werk wurden mit äußerster Sorgfalt recherchiert und geprüft. Wir weisen jedoch darauf hin, dass diese Angaben häufig Veränderungen unterworfen sind und inhaltliche Fehler oder Auslassungen nicht völlig auszuschließen sind, zumal zum Zeitpunkt der Drucklegung die Auswirkungen von Covid-19 auf das Hotel- und Gastgewerbe vor Ort noch nicht vollständig abzusehen waren. Für eventuelle Fehler oder Auslassungen können Gräfe und Unzer, die ADAC Camping GmbH sowie deren Mitarbeiter und die Autoren keinerlei Verpflichtung und Haftung übernehmen.

Alle Inhalte im Buch wenden sich an und gelten für alle Geschlechter (w/m/d). Soweit grammatikalisch männliche, weibliche oder neutrale Personenbezeichnungen verwendet werden, dient dies allein der besseren Lesbarkeit.

Ansprechpartner für den Anzeigenverkauf:

KV Kommunalverlag GmbH & Co. KG,
MediaCenter München, Tel. 089/928 09 60

Bei Interesse an maßgeschneiderten B2B-Produkten:

b2b-kontakt@graefe-und-unzer.de

Leserservice

GRÄFE UND UNZER Verlag
Grillparzerstraße 12, 81675 München
www.graefe-und-unzer.de

Umwelthinweis

Nachhaltigkeit ist uns sehr wichtig. Der Rohstoff Papier ist in der Buchproduktion hierfür von entscheidender Bedeutung. Daher ist dieses Buch auf PEFC-zertifiziertem Papier gedruckt. PEFC garantiert, dass ökologische, soziale und ökonomische Aspekte in der Verarbeitungskette unabhängig überwacht werden und lückenlos nachvollziehbar sind.

AUTORINNEN

Katja Hein's Devise ist: »Das Abenteuer wartet hinter der nächsten Kurve, fahr einfach los«. Jede freie Minute ist die Journalistin und leidenschaftliche Reisende im kompakten Kastenwagen-Camper zwischen Südspanien und Nordkap unterwegs. Auf www.hin-fahren.de gibt sie Tipps zu schönen Touren, Reisezielen sowie rund um Camping und Wohnmobil. Außerdem hat sie *Wohnmobiltouren durch Norddeutschland* geschrieben und an weiteren Reiseführern mitgearbeitet.

Heidi Siefert wollte niemals campen, weil im Zelt der Cousine immer Ohrenkneifer waren. Bis sie für eine Reportage in der »Motorwelt« mit einem Wohnmobil auf Tour ging. So wurde Camping zu einem Schwerpunkt der Journalistin und Buchautorin. Unter anderem war sie bis zu deren Aus Redakteurin der ADAC-Fachzeitschrift »Freizeit Mobil«. Beruflich ist sie neugierig auf die Annehmlichkeiten moderner Anlagen, während sie privat mit Mann und Kindern die kleinen, unkonventionellen Plätze sucht.

Andrea Lammert ist Journalistin, Reisebloggerin und liebt das Campen. Mit ihrem Oldtimer-Wohnmobil reiste sie besonders gerne nach Frankreich, inzwischen bevorzugt sie wieder die Einfachheit beim Zelten. Sie sucht die kleinen und großen Abenteuer vor der Haustüre, ob bei Wanderungen, beim Schwimmen, Kanufahren, Radfahren oder mit dem Hund ausgehen. Auf ihren Blogs www.indigo-blau.de und www.camping-und-wohnmobil.de geht es um die Themen Reisen, Camping und Nachhaltigkeit.